Grundwissen
Fälle
Karteikarten | **POCKET**

STRAFRECHT BT II

Körperverletzung
Tötungsdelikte
Straßenverkehrsc
Brandstiftungsdelikte
Nötigung
Urkundsdelikte
Aussagedelikte und Strafvereitelung

Andreas Roth
Dr. Dirk Schweinberger
1. Auflage 2015

Herr **Andreas Roth** ist ehemaliger Kursteilnehmer von **JURA INTENSIV** und schloss das erste Staatsexamen mit Prädikat ab. Er studierte an der Goethe-Universität in Frankfurt am Main und absolvierte ein Auslandssemester in Australien. Der Autor arbeitete nach seinem Studium als wissenschaftlicher Mitarbeiter in einer international tätigen Wirtschaftskanzlei und ist seit 2015 Doktorand an der Goethe-Universität.

Herr **Dr. Dirk Schweinberger** ist Assessor und Franchisenehmer des Repetitoriums **JURA INTENSIV** in Frankfurt, Gießen, Heidelberg, Mainz, Marburg und Saarbrücken. Er wirkt seit über 15 Jahren als Dozent des Repetitoriums und ist Redakteur der Ausbildungszeitschrift RA – Rechtsprechungs-Auswertung. Ferner ist er Autor der Skripte Strafrecht AT I und II sowie Arbeitsrecht aus der **JURA INTENSIV** Skriptenreihe.

Autoren
Andreas Roth & Dr. Dirk Schweinberger

Verlag und Vertrieb
Jura Intensiv Verlags UG (haftungsbeschränkt) & Co. KG
Zeil 65
60313 Frankfurt am Main
verlag@jura-intensiv.de
www.jura-intensiv.de

Verlagslektorin
Ines Susen

Konzept und Gestaltung
Stefanie Körner

Druck und Bindung
Copyline GmbH, Albrecht-Thaer-Straße 10, 48147 Münster

ISBN 9-783-9421-7438-1

Dieses Skript oder Teile dieses Skriptes dürfen nicht vervielfältigt, in Datenbanken gespeichert oder in irgendeiner Form übertragen werden ohne die schriftliche Genehmigung des Verlages.

© 2015 Jura Intensiv Verlags UG & Co. KG

VORWORT

Diese Lernhilfe richtet sich insbesondere an Studienanfänger der Rechtswissenschaft, sowie an diejenigen, die sich auf die „Fortgeschrittenen-Übung" vorbereiten. Der Leser erhält einen kompakten Überblick, der zu einem schnellen Einstieg in das Gebiet der Straftaten gegen Individualrechtsgüter und Rechtsgüter der Allgemeinheit dient.

In diesem Skript wurde besonderer Wert auf die folgenden Aspekte gelegt:

- **Materielles Recht**
  Das Skript vermittelt die Grundlagen des Besonderen Teils im StGB und behandelt die in diesem Zusammenhang wichtigsten Straftatbestände und stellt die gängigen Meinungsstreitigkeiten dar.

- **Strukturierte Übung am Fall**
  Die klausurrelevantesten Straftatbestände werden dem Leser zunächst abstrakt erläutert und anschließend konsequent in Fällen bearbeitet. Innerhalb jeder Falllösung wird großer Wert auf eine gelungene Schwerpunktsetzung gelegt. Der Schwierigkeitsgrad der Fälle variiert und reicht vom einführenden Übungsfall bis hin zum Schwierigkeitsgrad, wie er in universitären Klausuren der „Fortgeschrittenen-Übung" vorkommt.

- **Gutachtenstil**
  Die Beherrschung des juristischen Gutachtenstils ist für das Erstellen einer Klausur elementar. Daher ist jede Falllösung streng im Gutachtenstil formuliert.

- **Definitionen**
  Die elementarsten Definitionen finden nicht nur im Skript Berücksichtigung, sondern können mit dem dazugehörigen digitalen Karteikartensatz auch schnell wiederholt werden.

Didaktisches Ziel dieses Pockets ist es, Klausurwissen und Klausurtechnik zu vermitteln. Für vertiefende Studien sei daher die Skriptenreihe von **JURA INTENSIV** im Strafrecht empfohlen. Herr Dr. Schweinberger und ich wünschen Ihnen viel Erfolg bei der Arbeit mit diesem Skript.

Für Anregungen, Verbesserungsvorschläge und Kritik sind wir besonders dankbar. Sie erreichen uns im Internet unter **www.jura-intensiv.de** und per E-Mail über **verlag@jura-intensiv.de**.

Andreas Roth   *Dr. Dirk Schweinberger*

INHALT

KÖRPERVERLETZUNG 1

A. Einführung 1

B. Der Tatbestand der Körperverletzung, § 223 StGB 2

Fall 1: Kein viertes Kind 3
Problemschwerpunkt:
Ärztlicher Heileingriff/Irrtum über Einwilligung 3

C. Der Qualifikationstatbestand der gefährlichen Körperverletzung, § 224 StGB 12

Fall 2: Die Abreibung 13
Problemschwerpunkt: § 224: Gefährliche Körperverletzung 13

D. Die Erfolgsqualifikationen, §§ 226, 227 StGB 23

Fall 3: Eine saftige Ohrfeige 24
Problemschwerpunkt: Der Unmittelbarkeitszusammenhang
bei §§ 226, 227 24

E. Die fahrlässige Körperverletzung, § 229 StGB 33

Fall 4: Die Autofahrt 34
Problemschwerpunkt: Abgrenzung Eventualvorsatz/bewusste
Fahrlässigkeit, Vorverlagerung des Sorgfaltspflichtverstoßes 34

TÖTUNGSDELIKTE 42

A. Einführung 42

B. Der Tatbestand des Totschlags, § 212 I StGB 44

C. Der Tatbestand des Mordes, § 211 StGB 48

Fall 5: Der Haustyrann 50
Problemschwerpunkt: Restriktive Auslegung: Heimtücke 50

D. Die Akzessorietätslockerung des § 28 StGB	**65**
Fall 6: Zu viele Mordmerkmale	66
Problemschwerpunkt: § 28: Gekreuzte Mordmerkmale	66

STRASSENVERKEHRSDELIKTE — 71

A. Einführung	**71**
B. Der Tatbestand der Trunkenheit im Verkehr, § 316 StGB	**73**
C. Der Tatbestand der Gefährdung des Straßenverkehrs, § 315c StGB	**74**
Fall 7: „Ich fahr' noch!"	76
Problemschwerpunkt: § 315c: Konkrete Gefährdung und Einwilligung	76
D. Der Tatbestand des gefährlichen Eingriffs in den Straßenverkehr, § 315b StGB	**86**
Fall 8: „Nichts wie weg"	90
Problemschwerpunkt: § 315b: Der verkehrsfeindliche Inneneingriff	90

BRANDSTIFTUNGSDELIKTE — 103

A. Einführung	**103**
B. Der Tatbestand der Grunddelikte, §§ 306, 306a StGB	**104**
Fall 9: „Warm saniert"	105
Problemschwerpunkt: Brandstiftung, um die Versicherung zu betrügen	105
C. Die qualifizierenden Vorschriften, §§ 306b, 306c StGB	**116**

NÖTIGUNG — 119

A. Einführung	**119**
B. Der Gewaltbegriff	**119**
Fall 10: „Parkplatzmangel"	120
Problemschwerpunkt: § 240: Gewaltbegriff/Parkplatz-Fall	120

URKUNDSDELIKTE 127

A. Einführung 127

B. Der Tatbestand der Urkundenfälschung, § 267 StGB 128

Fall 11: Mein neues Zeugnis 130
Problemschwerpunkt: Fotokopie als Urkunde 130

Fall 12: Ist das noch meine Klausur? 137
Problemschwerpunkt: Verfälschung der eigenen Urkunde 137

Fall 13: „Die ewige Fahrkarte" 142
Problemschwerpunkt: § 274: Urkundenunterdrückung 142

AUSSAGEDELIKTE UND STRAFVEREITELUNG 148

A. Einführung Aussagedelikte 148

B. Einführung Strafvereitelung 149

Fall 14: Lügen für den Freispruch 150
Problemschwerpunkt: Meineid und Strafvereitelung 150

KÖRPERVERLETZUNG

A. Einführung

Die Körperverletzungstatbestände schützen die **körperliche Unversehrtheit**. § 223 StGB ist der Grundtatbestand der vorsätzlichen Körperverletzungsdelikte. Die gefährliche Körperverletzung in **§ 224 StGB** stellt eine Qualifikation dar, wohingegen die **§§ 226 StGB** (schwere Körperverletzung) und **227 StGB** (Körperverletzung mit Todesfolge) erfolgsqualifizierte Delikte sind. Nicht unstreitig ist die Einordnung des **§ 225 StGB**, der Misshandlung von Schutzbefohlenen. Hierbei dürfte es sich im Wesentlichen um eine Qualifikation handeln, wobei es im Bereich des seelischen Quälens ein eigenständiger Tatbestand sein dürfte.

Die verschiedenen Tatbestände

§ 223 I StGB ist ein unechtes **Antragsdelikt**, § 230 I StGB, d.h. der fehlende Antrag kann durch die Bejahung des besonderen öffentliches Interesses an der Strafverfolgung durch die Staatsanwaltschaft ersetzt werden. Die anderen genannten Delikte sind Offizialdelikte, werden also stets von Amts wegen verfolgt.

Strafantrag gem. § 230 StGB

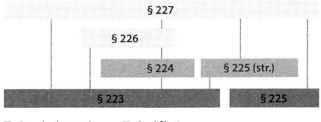

- Grundtatbestand
- Qualifikation
- Erfolgsqualifikation

Die Vorschriften schützen nicht primär die Autonomie des Betroffenen, sondern die körperliche Unversehrtheit (Art. 2 II 1 GG) und die Gesundheit von Menschen als ein auch von der Allgemeinheit zu respektierendes Rechtsgut. Nicht alleine geschützt ist die psychische Verfassung des Opfers, wie etwa bei einer Traumatisierung durch erzwungenen Geschlechtsverkehr ohne gesonderte physische Beeinträchtigung. Gerade im Kontext von ärztlichen Heileingriffen ist streitig, ob auch das Selbstbestimmungsrecht (des Patienten) ein von den Körperverletzungsdelikten geschütztes Rechtsgut darstellt.

Das geschützte Rechtsgut

2   KÖRPERVERLETZUNG

Das Verhältnis zu anderen Delikten

Die fahrlässige Körperverletzung, **§ 229 StGB**, ist ebenfalls unechtes Antragsdelikt. Die Körperverletzung mit Todesfolge in § 227 StGB setzt sich aus §§ 223, 222 StGB zusammen, verlangt aber zusätzlich – wie jede Erfolgsqualifikation – das ungeschriebene Merkmal des Unmittelbarkeitszusammenhangs.

Nachstellung, § 238 StGB

Die Körperverletzungsdelikte regeln die körperliche Beeinträchtigung des Opfers durch den Täter. Nachstellungen und Belästigungen (**§ 238 StGB**), etwa durch „Telefonterror", sind für sich genommen keine Körperverletzungen, ebenso „Mobbing", Bedrohungs- oder Einschüchterungshandlungen. Solche Handlungen werden erst dann zu Körperverletzungen, wenn sie zu einem pathologischen, somatisch objektivierbaren Zustand geführt haben.

Freiheitsberaubung, § 239 StGB

Wer gefesselt wird, erleidet eine Freiheitsberaubung, § 239 StGB, aber keine Körperverletzung, solange dies nicht mit erheblichen körperlichen Beeinträchtigungen, etwa bei Einschnürung von Blutgefäßen, einhergeht.

Beleidigung, § 185 StGB

Wer angespuckt wird und deshalb Ekel empfindet, ohne in seiner körperlichen Integrität nachhaltig beeinträchtigt zu sein, wird tätlich beleidigt, § 185 StGB, aber nicht körperlich verletzt.

Die Tatbestandsvoraussetzungen

Der Grundtatbestand der vorsätzlichen Körperverletzung setzt objektiv voraus, dass ein anderer Mensch körperlich misshandelt oder an der Gesundheit geschädigt wurde. Subjektiv genügt insoweit Eventualvorsatz, § 15 StGB.

B. Der Tatbestand der Körperverletzung, § 223 StGB

I. GRUNDLAGEN

Die Prüfung der vorsätzlichen Körperverletzung ist wie folgt aufzubauen:

PRÜFUNGSSCHEMA

    I. Tatbestand
        1. Objektiver Tatbestand
            a) Körperliche Misshandlung
            b) Gesundheitsschädigung
            c) Anderer Mensch
        2. Subjektiver Tatbestand
    II. Rechtswidrigkeit
    III. Schuld

Die Grundlagen der Körperverletzung werden im Folgenden zunächst am Einführungsfall „Kein viertes Kind" herausgearbeitet. Dieser Fall behandelt auch die grundlegende Frage, ob ein ärztlicher Heileingriff tatbestandsmäßig ist.

FALL 1: KEIN VIERTES KIND
Problemschwerpunkt: Ärztlicher Heileingriff/Irrtum über Einwilligung

SACHVERHALT

Arzt A führt bei M zum dritten Mal erfolgreich eine Kaiserschnittgeburt durch. Während der Geburt gewinnt A die Überzeugung, eine vierte Schwangerschaft der M würde das Leben von Mutter und Kind gefährden. A beschließt nun, zur Verhütung weiterer Schwangerschaften, eine Eileiterunterbrechung vorzunehmen. Diese Maßnahme ist medizinisch indiziert, läuft aber dem Willen der M entgegen, die weitere Kinder haben will und dies auch schon – was A bekannt war – ihrem Mann und dritten Personen gegenüber geäußert hatte. A meint dennoch, dass seine fachmännische Entscheidung über den „laienhaften" Wünschen der M stünde. M ist nach der Operation hierüber empört.

Strafbarkeit des A?

A. Strafbarkeit des A bzgl. des Kaiserschnitts gem. § 223 I StGB

LÖSUNG

A könnte sich wegen Körperverletzung gemäß § 223 I StGB strafbar gemacht haben, indem er bei M eine Kaiserschnittgeburt durchführte.

Vgl. BGHSt 11, 111; BGH, NStZ 1996, 34

I. TATBESTAND

1. Objektiver Tatbestand des Grunddelikts
Zur Verwirklichung des Grundtatbestandes müsste objektiv eine körperliche Misshandlung oder eine Gesundheitsschädigung vorliegen.

a) Körperliche Misshandlung
Die Vornahme des Kaiserschnitts könnte eine körperliche Misshandlung darstellen.

> **DEFINITION**
> Eine **körperliche Misshandlung** ist eine üble, unangemessene Behandlung, die zu einer nicht unerheblichen Beeinträchtigung des körperlichen Wohlempfindens oder der körperlichen Unversehrtheit führt.

Durch den Eingriff des A wurde M sowohl in ihrem körperlichen Wohlbefinden, als auch in ihrer körperlichen Unversehrtheit mehr als nur unerheblich beeinträchtigt.

Der ärztliche Heileingriff e.A.: Körperverletzung nur bei Kunstfehler

Umstritten ist jedoch, ob der ärztliche Heileingriff auch eine üble, unangemessene Behandlung darstellt.

Einer Auffassung nach stellt ein solcher zu Heilzwecken vorgenommener Eingriff keine üble, unangemessene Behandlung dar, sofern er medizinisch indiziert ist und lege artis durchgeführt wird. Weiterhin ist innerhalb dieser Auffassung umstritten, ob es relevant ist, dass der Eingriff gelingt oder misslingt. Der von A vorgenommene Kaiserschnitt war medizinisch indiziert und wurde mangels entgegenstehender Angaben im Sachverhalt auch nach den Regeln der ärztlichen Kunst vorgenommen. Der Eingriff war auch erfolgreich, sodass die Frage nach der Relevanz des Misserfolges des Eingriffs dahinstehen kann. Dieser Auffassung nach läge keine körperliche Misshandlung vor.

a.A.: Körperverletzung stets zu bejahen (so BGH)

Einer anderen Auffassung nach stellt auch ein Heileingriff immer eine üble, unangemessene Behandlung dar und zwar unabhängig davon, ob er medizinisch indiziert ist und lege artis durchgeführt wurde. Dieser Auffassung nach wäre vorliegend eine körperliche Misshandlung anzunehmen.

Stellungnahme

Für die erstgenannte Auffassung spricht, dass ein Arzt, der einen Heileingriff vornimmt, schwerlich mit einem Messerstecher auf eine Stufe gestellt werden kann. Zudem muss man das Geschehen als Gesamtakt bewerten und insbesondere das am Ende stehende Resultat betrachten. Für die letztgenannte Auffassung spricht jedoch, dass eine Gesamtbetrachtung bereits durch das Zusammenwirken von Tatbestand und Rechtswidrigkeit gewährleistet wird. Entscheidend aber für diese Auffassung spricht, dass bei einer Bemessung der Strafbarkeit an medizinischen Maßstäben keine Strafbarkeit bei eigenmächtigen Heilbehandlungen gegeben wäre, was zu einer Aushöhlung des Selbstbestimmungsrechts des Patienten führen würde und somit nicht hinzunehmen ist. Ein ärztlicher Heileingriff ist dementsprechend der letztgenannten Auffassung folgend tatbestandlich als körperliche Misshandlung anzusehen. A hat die M körperlich misshandelt.

> **KLAUSURHINWEIS**
> Vermeiden Sie, das Gutachten zu sehr „zu zergliedern", indem sie Absätze statt Überschriften verwenden. Vor allem bei Meinungsstreits sollten Sie Überschriften eher vermeiden. So machen Sie das Gutachten für den Korrektor übersichtlicher und angenehmer zu lesen.

b) Gesundheitsschädigung
Des Weiteren könnte A die Gesundheit der M geschädigt haben.

> **DEFINITION**
> Eine **Gesundheitsschädigung** ist jedes Hervorrufen oder Steigern eines vom Normalzustand der körperlichen Funktionen negativ abweichenden (pathologischen) Zustands.

Entsprechend der obigen Ausführungen zum ärztlichen Heileingriff hat A durch die Vornahme des Eingriffs einen pathologischen Zustand bei M hervorgerufen und somit auch deren Gesundheit geschädigt.

> **KLAUSURHINWEIS**
> Der oben genannte Streit spielt selbstverständlich auch im Rahmen der Frage, ob eine Gesundheitsschädigung vorliegt, eine Rolle. Allerdings wird er an dieser Stelle nicht ein weiteres Mal ausgeführt.

2. Subjektiver Tatbestand des Grunddelikts
Subjektiv erfordert der § 223 I StGB vorsätzliches Handeln. A handelte bei dem Eingriff in Kenntnis aller Tatumstände, sowie mit dem Willen zur Tatbestandsverwirklichung, also vorsätzlich. A hat somit auch den subjektiven Tatbestand des § 223 I StGB verwirklicht.

Vgl. § 15 StGB

> **MERKSATZ**
> § 15 StGB bestimmt, dass nur vorsätzliches Handeln strafbar ist, sofern das Gesetz fahrlässiges Handeln nicht ausdrücklich mit Strafe bedroht.

3. Objektiver Tatbestand der Qualifikation

Zudem könnte A die Qualifikation des § 224 I Nr. 2 StGB durch den Einsatz von Operationswerkzeugen verwirklicht haben. Dann müsste es sich bei den Operationswerkzeugen um Waffen oder andere gefährliche Werkzeuge handeln, mittels derer A die Körperverletzung begangen hat.

Waffe

> **DEFINITION**
> **Waffe** ist ein körperlicher Gegenstand, der nach seiner objektiven Beschaffenheit und seinem Zustand zur Zeit der Tat bei bestimmungsgemäßer Verwendung geeignet ist, erhebliche Verletzungen herbeizuführen.

„Mittels"

> **Mittels** der Waffe (oder des gefährlichen Werkzeugs) ist die Körperverletzung begangen, wenn die Verletzung durch dieses Tatmittel verursacht wurde und sich zumindest als deren typische Folge darstellt.

Mangels Herstellung zur Herbeiführung von Verletzungen sind Operationswerkzeuge, die ja gerade zu Heilzwecken eingesetzt werden, nicht als Waffen anzusehen.

Gefährliches Werkzeug

Jedoch könnte es sich bei den Operationswerkzeugen um gefährliche Werkzeuge handeln.

> **DEFINITION**
> **Gefährliches Werkzeug** ist jeder Gegenstand, der nach seiner Beschaffenheit und der konkreten Art seiner Verwendung geeignet ist, erhebliche Verletzungen herbeizuführen.

> **MERKSATZ**
> Waffe und gefährliches Werkzeug unterscheiden sich demnach dadurch, dass die **Waffe abstrakt-generell** dazu bestimmt, das gefährliche **Werkzeug** aber nur **nach der Art seines Einsatzes im Einzelfall** dazu geeignet ist, erhebliche Verletzungen zu verursachen.

Grundsätzlich ist das von A eingesetzte Operationswerkzeug dazu geeignet, erhebliche Verletzungen herbeizuführen. Allerdings steht bei einem lege artis durchgeführten Einsatz von Operationswerkzeugen gerade der Heilzweck im Vordergrund, sodass das hier eingesetzte Operationswerkzeug kein gefährliches Werkzeug darstellt.

Der Qualifikationstatbestand des § 224 I Nr. 2 StGB ist somit nicht verwirklicht.

> **KLAUSURHINWEIS**
> Der Übersichtlichkeit halber werden hier zunächst objektiver und subjektiver Tatbestand des Grunddelikts geprüft, bevor anschließend die Prüfung der Qualifikation in derselben Weise folgt.
>
> Wahlweise können Sie allerdings auch die objektiven Voraussetzungen der Qualifikation direkt nach denen des Grunddelikts prüfen und im Anschluss daran die subjektiven Voraussetzungen.
>
> Achten Sie bei der Wahl des Aufbauschemas auch auf etwaige lokale Präferenzen.

Grunddelikt und Qualifikation im Gutachten

II. RECHTSWIDRIGKEIT
A müsste auch rechtswidrig gehandelt haben. Vorliegend kommt der Rechtfertigungsgrund der Einwilligung in Betracht.

1. Zulässigkeit der Einwilligung
Die Einwilligung ist zulässig, wenn das verletzte Rechtsgut disponibel ist und der Einwilligende Inhaber des Rechtsgutes oder anderweitig dispositionsbefugt ist. Die körperliche Unversehrtheit ist grundsätzlich ein disponibles Rechtsgut. Auch ist M Trägerin dieses höchstpersönlichen Rechtsguts.

2. Wirksamkeit der Einwilligung
Weiterhin müsste M zur Einwilligung fähig gewesen sein. Von der geistigen und körperlichen Reife der M zur Erkenntnis ihres Rechtsgutsverzichts und der sachgerechten Beurteilung ist auszugehen, sodass M einwilligungsfähig war. Auch sind keine Willensmängel der M ersichtlich.

Eine weitere Voraussetzung für die Wirksamkeit der Einwilligung ist deren Vorliegen vor der Tat. Es entspricht der üblichen Vorgehensweise, dass Patienten von ihren Ärzten über die Risiken des Heileingriffs aufgeklärt werden. M hat den Eingriff von A vornehmen lassen, sodass von einer Einwilligung ihrerseits hierzu auszugehen ist.

Im Gegensatz zum tatbestandsausschließenden Einverständnis muss die rechtfertigende Einwilligung frei von Willensmängeln zustande kommen.

Das ist der eigentliche Hintergrund der BGH-Ansicht, dass der Heileingriff tatbestandsmäßig ist: Der Schutz des Selbstbestimmungsrechts des Patienten.

Trotz Einwilligung könnte die Tat jedoch gemäß § 228 StGB rechtswidrig sein, sofern sie gegen die guten Sitten verstößt. Allerdings ist eine ärztlich vorgenommene Kaiserschnittgeburt, die medizinisch indiziert ist, nicht als sittenwidrig anzusehen.

Letztlich handelte A in Kenntnis der Einwilligung der M, sodass auch das subjektive Rechtfertigungselement vorliegt.

A ist mithin durch die Einwilligung der M gerechtfertigt.

III. ERGEBNIS
A hat sich nicht wegen Körperverletzung gemäß § 223 I StGB strafbar gemacht, indem er bei M einen Kaiserschnitt vornahm.

B. Strafbarkeit des A bzgl. der Eileiterunterbrechung gem. § 223 I StGB
A könnte sich wegen Körperverletzung gemäß § 223 I StGB strafbar gemacht haben, indem er die Eileiterunterbrechung bei M vornahm.

> **KLAUSURHINWEIS**
> Für die Lösung dieser Klausur war die Unterscheidung der beiden Eingriffe (Kaiserschnitt und Eileiterunterbrechung) entscheidend.

I. TATBESTAND
Der von A vorgenommene Heileingriff zur Eileiterunterbrechung stellt, trotz medizinischer Indikation, objektiv eine körperliche Misshandlung dar. Wie bereits festgestellt scheidet eine Qualifikation gemäß § 224 I Nr. 2 StGB bezüglich der Operationswerkzeuge aus. A handelte auch bezüglich der Eileiterunterbrechung in Kenntnis aller Tatumstände, sowie mit dem Willen zur Tatbestandsverwirklichung, also vorsätzlich.

> **KLAUSURHINWEIS**
> Vermeiden Sie an dieser Stelle unnötig lange Ausführungen zur Tatbestandsmäßigkeit. Diese haben Sie bereits, bei gleicher Tathandlung, unter „A" festgestellt.

II. RECHTSWIDRIGKEIT
Der Eingriff könnte jedoch gerechtfertigt sein. Auch hier kommt zunächst eine Einwilligung in Betracht.

1. Einwilligung
Zwar hatte M in die Kaiserschnittgeburt eingewilligt, eine Eileiterunterbrechung war hingegen zu Beginn der Operation nicht geplant. Für eine Einwilligung fehlt es bereits an einer diesbezüglichen Erklärung der M. Eine Einwilligung liegt mithin nicht vor.

2. Mutmaßliche Einwilligung
Liegt eine ausdrückliche Einwilligung nicht vor, so kommt weiterhin eine mutmaßliche Einwilligung in Betracht. Jedoch dürfte kein erkennbarer Wille des Betroffenen entgegenstehen. M hatte ihrem Mann und dritten Personen gegenüber einen einer solchen Operation entgegenstehenden Willen geäußert, dies war A auch bekannt. Ob ein vernünftiger Patient eingewilligt hätte ist irrelevant, wenn feststeht, dass der Wille des konkreten Patienten dieser Maßnahme entgegensteht. Lediglich dann, wenn der wirkliche Wille (auch nachträglich) nicht mehr festgestellt werden kann, ist der vernünftige Wille als Indiz heranzuziehen. Aufgrund der vorherigen Äußerungen der M kann folglich auch eine mutmaßliche Einwilligung nicht angenommen werden.

> Eine mutmaßliche Einwilligung kommt vor allem in Betracht, wenn der Patient – z.B. wegen Bewusstlosigkeit – seine Behandlungswünsche nicht äußern kann. Wichtig auch: Fall der Patientenverfügung, vgl. § 1901a BGB.

3. Hypothetische Einwilligung
Weiterhin ist an eine hypothetische Einwilligung seitens der M zu denken. Jedoch ist schon die Existenz dieses Rechtfertigungsgrundes umstritten.

Einer Auffassung nach kann auch eine hypothetische Einwilligung zum Wegfall des Unrechts führen. Hierbei müsse angenommen werden können, dass der Patient bei entsprechender Aufklärung in die Operation, wie sie tatsächlich stattgefunden hat, eingewilligt hätte.

Der Gegenauffassung nach ist eine solche hypothetische Einwilligung nicht möglich. Dieser Rechtfertigungsgrund berge für den Patienten die Gefahr, dass der Arzt ihm durch eine unvollständige Aufklärung jedes Risiko eines noch lex artis durchgeführten Eingriffs aufzwingen könne.

Dem Sachverhalt zufolge ist nicht davon auszugehen, dass M bei vollständiger Aufklärung in den Eingriff eingewilligt hätte. Der Streit um die Existenz dieses Rechtfertigungsgrundes kann somit dahinstehen.

> Weiterführend: Sowada, NStZ 2012, 1 ff.

4. Rechtfertigender Notstand, § 34 StGB
Ein rechtfertigender Notstand scheitert jedenfalls an der Angemessenheit der Maßnahme. § 34 StGB vermag eine für den Patienten zwar vorteilhafte, aber seinem Willen entgegenstehende Behandlung nicht rechtfertigen. Das Vorliegen der übrigen Voraussetzungen kann somit dahinstehen.

MERKSATZ
Das Selbstbestimmungsrecht der Patienten setzt sich selbst dann durch, wenn das Behandlungsveto zur Lebensgefährdung führt und objektiv als unvernünftig erscheinen mag.

III. SCHULD
A ist schuldfähig.

1. Irrtum über Rechtfertigungsgründe

Abgrenzung der verschiedenen Irrtümer

Fraglich ist, wie es sich auswirkt, dass A bei Vornahme des Eingriffs seine fachmännische Einschätzung für maßgeblich hielt. Ihm fehlte insofern die Einsicht, Unrecht zu tun. Wenn der Täter irrig annimmt, gerechtfertigt zu sein, ist zunächst zu prüfen, ob es sich bei diesem Irrtum um einen Erlaubnistatbestandsirrtum, einen Erlaubnisirrtum oder einen sog. **Doppelirrtum** handelt. Stellt sich der Täter bei Begehung der Tat irrig Umstände vor, bei deren tatsächlichen Vorliegen er gerechtfertigt wäre, irrt er sich also über die tatsächlichen Voraussetzungen eines anerkannten Rechtfertigungsgrundes, liegt ein Erlaubnistatbestandsirrtum vor. Zieht er hingegen die Grenzen eines Rechtfertigungsgrundes zu weit oder glaubt er an die Existenz eines nicht anerkannten Rechtfertigungsgrundes, unterliegt er einem Erlaubnisirrtum.

A hatte den tatsächlichen Sachverhalt nicht verkannt, sondern war sich bewusst, dass der Wille der M dem Eingriff entgegenstand. Vielmehr nahm A irrigerweise an, dass seine fachmännische Entscheidung letztendlich maßgeblich sei. Der Irrtum des A bezieht sich somit darauf, dass seine Entscheidung im Rahmen der mutmaßlichen Einwilligung über dem „laienhaften" Wunsch der M steht. A unterliegt mithin einem Erlaubnisirrtum (§ 17 StGB).

2. Rechtsfolgen des Irrtums
Bei Vorliegen eines Erlaubnisirrtums, der einen Wertungsirrtum darstellt, wird ganz herrschend die Wertungsirrtumsvorschrift des § 17 StGB angewandt, sodass zu prüfen ist, ob der Irrtum des A vermeidbar war.

DEFINITION
Ein **Irrtum** nach § 17 StGB ist **vermeidbar**, wenn der Täter nach seinen individuellen Fähigkeiten unter Einsatz aller seiner Erkenntniskräfte und sittlichen Wertvorstellungen zur Unrechtseinsicht hätte kommen können.

Vermeidbarkeitsprüfung

A hätte, insbesondere im Hinblick auf seine Ausbildung als Arzt, zu der Erkenntnis kommen können, dass der Wille des Patienten selbst in lebensgefährdenden Situationen respektiert werden muss und bei dessen Nichtbeachtung ein ungerechtfertigter Eingriff in das Selbstbestimmungsrecht des Patienten und vor allem in die körperliche Unversehrtheit vorliegt. Der Irrtum des A war somit vermeidbar.

IV. ERGEBNIS
A hat sich wegen Körperverletzung gemäß § 223 I StGB strafbar gemacht, indem er eine Eileiterunterbrechung bei M vornahm.

FALLENDE

II. KÖRPERVERLETZUNG DURCH UNTERLASSEN (VERTIEFUNG)

Die **körperliche Misshandlung** kann auch **durch Unterlassen** begangen werden, so etwa durch den Entzug von Nahrung, längeren Schlafentzug, das Vorenthalten nötiger Medikamente oder ärztlicher Behandlung bei Verletzungen oder Krankheit.

Auch die **Gesundheitsschädigung** kann durch **Unterlassen** herbeigeführt werden, etwa durch das Nichtbehandeln einer Krankheit durch den Arzt als Garanten.

Hardtung, JuS 2008, 864, 867

Bedingung für die Strafbarkeit wegen einer Körperverletzung durch Unterlassen ist natürlich stets, dass der Täter als **Garant** dafür einzustehen hat, dass der Erfolg nicht eintritt.

Ausführlich zu den Garantenstellungen im JI-Pocket Strafrecht AT

C. Der Qualifikationstatbestand der gefährlichen Körperverletzung, § 224 StGB

I. GRUNDLAGEN

Die verschiedenen Strafgründe

Die **Qualifikationsmerkmale des § 224 StGB** beruhen auf verschiedenen Strafgründen, nämlich der Intensivierung des Angriffs auf die körperliche Unversehrtheit eines anderen durch Einsatz von Waffen oder gefährlichen Werkzeugen (Nr. 2) sowie eine das Leben gefährdende Behandlung (Nr. 5) und die Beschränkung der Abwehrmöglichkeiten des Opfers gegenüber einer beliebig intensiven Körperverletzung durch hinterlistigen Überfall (Nr. 3) oder durch das Handeln mit einem anderen Beteiligten gemeinschaftlich (Nr. 4). Die verschiedenen Gründe der Strafschärfung werden im Fall der Beibringung gesundheitsschädlicher Stoffe oder Gifte (Nr. 1) um einen weiteren, nämlich die Unbeherrschbarkeit der Wirkungen des eingesetzten Mittels, erweitert.

Anders formuliert: In den beiden ersten Modalitäten bedient sich der Täter besonderer Hilfsmittel und in den Nrn. 3 und 4 einer besonders verwerflichen Vorgehensweise.

Der Grundtatbestand des § 223 I StGB ist ein Erfolgsdelikt, die Qualifikationen des § 224 I StGB knüpfen an eine **besondere Gefährdung des Opfers** an. § 224 I StGB ist deshalb eine Kombination aus Verletzungserfolgs- und Gefährdungskomponenten.

H.M.: Differenzierung, ob abstraktes oder konkretes Gefährdungsdelikt

Die Tatbestandsmodalitäten Nr. 1 und 2 sind konkrete Gefährdungsdelikte, d.h. das Gefahrenurteil beruht auf der Einbeziehung aller konkreten Umstände des Einzelfalles. Bei den Nrn. 3 und 4 lässt der Wortlaut des Gesetzes nur eine Klassifizierung als abstraktes Gefährdungsdelikt zu. Auch Nr. 5 ist ein abstraktes Gefährdungsdelikt (streitig).

II. DIE QUALIFIKATIONEN § 224 I Nr. 2, 4 UND 5 StGB

1. Grundlagen

Die Grundlagen der Qualifikationsmerkmale der Nummern 2, 4 und 5 werden zunächst am nachfolgenden Fall „Die Abreibung" erläutert.

FALL 2: DIE ABREIBUNG
Problemschwerpunkt: § 224: Gefährliche Körperverletzung

SACHVERHALT

D will X eine ordentliche Abreibung verpassen. Mit seinem Baseball-Schläger bewaffnet trifft er auf dem Weg zu X zufällig seinen Freund F. Diesem erzählt er, was er vorhat. F sagt: „Ich komme mal zur Sicherheit mit." D ist froh, dass F mitgeht. Am Tatort angekommen, signalisierte F dem D, diesen notfalls zu unterstützen, was X mitbekommen hat und auch mitbekommen sollte. D versetzt dem X ohne Tötungsvorsatz einen wuchtigen Schlag auf den Kopf. Dieser ist so heftig, dass es bei X zu einem Schädelbruch und zu lebensgefährlichen Gehirnblutungen hätte kommen können. X hatte jedoch „Glück": Seine Verletzungsfolgen beschränkten sich auf eine Platzwunde und einen Bluterguss am Kopf.

Strafbarkeit von D und F?

> **KLAUSURHINWEIS**
> Es empfiehlt sich, zur Vermeidung einer Inzidentprüfung der Teilnahme, zunächst die Strafbarkeit beider Beteiligten wegen einfacher Körperverletzung und im Anschluss die Strafbarkeit bezüglich der Qualifikation zu prüfen.

A. Strafbarkeit des D gem. § 223 I StGB

LÖSUNG

D könnte sich wegen Körperverletzung gemäß § 223 I StGB strafbar gemacht haben, indem er X mit dem Baseball-Schläger auf den Kopf schlug.

I. TATBESTAND

1. Objektiver Tatbestand
Objektiv müsste D den X körperlich misshandelt oder dessen Gesundheit geschädigt haben.

a) Körperliche Misshandlung
Indem D dem X mit dem Baseball-Schläger auf den Kopf schlug, hat er dessen körperliches Wohlbefinden, sowie dessen körperliche Unversehrtheit durch eine üble, unangemessene Behandlung mehr als nur unerheblich beeinträchtigt und den X dadurch körperlich misshandelt.

b) Gesundheitsschädigung
Auch hat D bei X einen vom Normalzustand der körperlichen Funktionen negativ abweichenden Zustand hervorgerufen, indem er ihm auf den Kopf schlug. Eine Gesundheitsschädigung liegt somit ebenfalls vor.

> **KLAUSURHINWEIS**
> Halten Sie klar Ersichtliches in Ihrer Prüfung kurz und setzen Sie an den richtigen Stellen Ihre Schwerpunkte. Hilfreich ist hierzu beispielsweise die vorstehend verwendete „Indem-Subsumtion".

2. Subjektiver Tatbestand
D handelte bei dem Schlag auf den Kopf des X in Kenntnis aller Tatumstände, sowie mit dem Willen zur Tatbestandsverwirklichung, also vorsätzlich. A hat somit auch den subjektiven Tatbestand des § 223 I StGB verwirklicht.

II. RECHTSWIDRIGKEIT
Mangels vorliegender Rechtfertigungsgründe handelte D rechtswidrig.

III. SCHULD
D handelte auch schuldhaft.

IV. ERGEBNIS
D hat sich wegen Körperverletzung gemäß § 223 I StGB strafbar gemacht, indem er X mit dem Baseball-Schläger auf den Kopf schlug.

B. Strafbarkeit des F gem. §§ 223 I, 27 I StGB
F könnte sich wegen Beihilfe zur Körperverletzung gemäß §§ 223 I, 27 I StGB strafbar gemacht haben, indem er D zum Tatort begleitete und diesem seine Unterstützung zusicherte.

I. TATBESTAND

1. Objektiver Tatbestand

a) Vorsätzliche rechtswidrige Haupttat
Zunächst müsste eine vorsätzliche rechtswidrige Haupttat vorliegen. Die vorstehend bereits geprüfte Körperverletzung des D gemäß § 223 I StGB stellt eine solche Haupttat dar.

b) Hilfeleisten
F müsste dem D Hilfe geleistet haben.

> **DEFINITION**
> Ein **Hilfeleisten** kann in jedem Tatbeitrag gesehen werden, der die Haupttat ermöglicht oder erleichtert oder die vom Haupttäter begangene Rechtsgutverletzung verstärkt.

Beihilfe kann sowohl als Tat- als auch als Rathilfe geleistet werden. Vorliegend erbringt F keinen physischen Beitrag, jedoch könnte er die Haupttat in Form der psychischen Beihilfe gefördert haben. Dies ist auch durch Bestärken im Tatentschluss möglich. Jedoch ist die bloße Anwesenheit am Tatort noch nicht als hilfeleistende Handlung zu werten, es bedarf insofern eines objektiv förderlichen Beitrags, sodass das bloße Nichtverhindern der Tat ohne Garantenpflicht nicht unter Strafe gestellt wird.

Psychische Beihilfe durch Bestärkung im Tatentschluss

Eine aktive Förderung kann dabei angenommen werden, wenn der Gehilfe im Wissen des Vorhabens des Täters diesen begleitet, seine Anwesenheit dadurch gewissermaßen einbringt und den Täter durch das Suggerieren einer erhöhten Sicherheit in seinem Tatentschluss bestärkt.

F war nicht zufällig am Tatort zugegen, vielmehr hat er den D dorthin begleitet. Darüber hinaus hat er diesem physische Unterstützung zugesichert, sodass hierin ein Bestärken im bereits vorhandenen Tatentschluss des D gesehen werden kann.

F hat somit dem D bei dessen Haupttat Hilfe objektiv geleistet.

2. Subjektiver Tatbestand
Der Vorsatz des F muss sich sowohl auf die vorsätzliche rechtswidrige Haupttat des D, als auch auf das Hilfeleisten beziehen. F handelte sowohl in Kenntnis der Haupttat und seines Tatbeitrags, als auch mit dem Willen zur Tatbestandsverwirklichung. Er handelte somit vorsätzlich.

*Sog. „**doppelter Gehilfenvorsatz**": Der subjektive Tatbestand muss sich also – wie üblich – auf alle Komponenten des objektiven Tatbestandes beziehen.*

II. RECHTSWIDRIGKEIT
Mangels entgegenstehender Rechtfertigungsgründe handelte F rechtswidrig.

III. SCHULD
Des Weiteren handelte F schuldhaft.

IV. ERGEBNIS
F hat sich wegen Beihilfe zur Körperverletzung gemäß §§ 223 I, 27 I StGB strafbar gemacht, indem er den D zum Tatort begleitete und seine Unterstützung signalisierte.

C. Strafbarkeit des D gem. §§ 223 I, 224 I Nr. 2, 4, 5 StGB
D könnte sich zudem einer gefährlichen Körperverletzung gemäß §§ 223 I, 224 I Nr. 2, 4, 5 StGB strafbar gemacht haben, indem er X mit dem Baseball-Schläger auf den Kopf schlug.

I. KÖRPERVERLETZUNG, § 223 I StGB
Der Grundtatbestand des § 223 I StGB ist, wie bereits vorstehend gezeigt, verwirklicht.

II. TATBESTAND DER QUALIFIKATION, § 224 I StGB
D könnte weiterhin den Qualifikationstatbestand des § 224 I StGB verwirklicht haben.

1. Objektiver Tatbestand der Qualifikation

a) Gefährliches Werkzeug, § 224 I Nr. 2 StGB
Bei dem Baseball-Schläger könnte es sich um ein gefährliches Werkzeug i.S.d. § 224 I Nr. 2 StGB handeln.
Der Baseball-Schläger ist seiner Beschaffenheit und der konkreten Art der Verwendung nach, nämlich als Verletzungsinstrument, dazu geeignet, erhebliche Verletzungen hervorzurufen. Er stellt mithin ein gefährliches Werkzeug dar.

> **KLAUSURHINWEIS**
> Prüfen Sie Ersichtliches in der gebotenen Kürze. Versuchen Sie, den Korrektor nicht das Lesen mit unnötig langwierigen Ausführungen zu inhaltlich klaren Vorgängen zu erschweren.

b) Begehung mit einem anderen Beteiligten gemeinschaftlich, § 224 I Nr. 4 StGB
Weiterhin könnte die Tat mit einem anderen Beteiligten gemeinschaftlich i.S.d. § 224 I Nr. 4 StGB begangen worden sein.

> **DEFINITION**
> Eine **Körperverletzung** wird mit einem anderen Beteiligten gemeinschaftlich begangen, wenn mindestens zwei Personen einverständlich zusammenwirken und dem Opfer im Tatortbereich unmittelbar gegenüberstehen.

Mit D und F standen dem X am Tatort zwei Personen aggressiv gegenüber. Fraglich ist jedoch, welche Anforderungen an die Form der Beteiligung bei der gemeinschaftlichen Begehung gestellt werden.

Der Begriff des „Beteiligten"

Einer Auffassung nach setzt der Tatbestand ein mittäterschaftliches Handeln der Beteiligten voraus. Für eine Mittäterschaft des F ist jedoch schon dessen Tatbeitrag zu gering, sodass dieser neben dem alleinigen Täter D nur als Gehilfe gemäß § 27 I StGB anzusehen ist. Dieser Auffassung nach liegt eine gemeinschaftliche Begehung der Tat nicht vor.

M.M.: Mittäterschaft nötig

Einer anderen Auffassung nach genügt es indes, wenn ein Teilnehmer an der Körperverletzung des Haupttäters beteiligt ist. Dabei ist jedoch nötig, dass auch der Teilnehmer dem Opfer am Tatort aggressiv gegenübertritt. F ist als Gehilfe Teilnehmer an der Haupttat des D und hat am Tatort dem D seine Einsatzbereitschaft so dokumentiert, dass X dies mitbekommen hat. Dieser Auffassung nach liegt eine gemeinschaftliche Begehung der Tat vor.

H.M.: Teilnahme genügt, wenn aggressives Gegenübertreten am Tatort

Die Auffassungen kommen zu unterschiedlichen Ergebnissen, ein Streitentscheid ist mithin erforderlich. Für die erstgenannte Auffassung spricht, dass „gemeinschaftlich" eine gewisse Gleichberechtigung der Beteiligten indiziert. Jedoch erfasst der Wortlaut des § 28 II StGB unter „Beteiligten" sowohl Täter als auch Teilnehmer. Zudem spricht für die letztgenannte Auffassung, dass der Strafgrund des § 224 I Nr. 4 StGB die erhöhte Gefahr des Opfers ist, welche aus der Konfrontation mit mehreren Gegnern erfolgt. Ob sich die Konfrontation ausschließlich mit Tätern, oder aber mit Täter und Teilnehmer darstellt, macht für das Opfer jedoch keinen Unterschied. So ist nicht auszuschließen, dass F bei einer ungünstigen Veränderung der Ausgangslage für D unterstützend eingegriffen hätte. Die besseren Argumente sprechen für die letztgenannte Auffassung, sodass dieser folgend eine gemeinschaftliche Begehung der Tat i.S.d. § 224 I Nr. 4 StGB gegeben ist.

Stellungnahme

> **MERKSATZ**
> Keinesfalls dürfen Sie hieraus folgern, dass F nunmehr Mittäter bei § 224 I Nr. 4 StGB ist. Er bleibt natürlich auch bzgl. der Qualifikation Teilnehmer, hier Gehilfe nach § 27 StGB.

c) Begehung mittels einer das Leben des Opfers gefährdenden Behandlung, § 224 I Nr. 5 StGB

Abstrakte oder konkrete Gefahr

D könnte weiterhin das Leben des X gefährdet haben. Welcher Grad an Lebensgefahr für die Erfüllung des Tatbestands zu fordern ist, ist umstritten.

e.A.: konkrete Gefahr nötig

Teilweise wird eine konkrete Lebensgefahr gefordert. X erlitt jedoch nur eine Platzwunde und einen Bluterguss am Kopf, die eine solche konkrete Lebensgefahr nicht begründen. Dieser Auffassung folgend hätte D nicht das Leben des X gefährdet.

a.A.: abstrakte Gefahr ausreichend

Im Gegensatz dazu wird auch vertreten, dass die Verletzungshandlung lediglich den Umständen nach generell geeignet gewesen sein muss, um das Leben des Opfers zu gefährden. Der Schlag des D war so heftig, dass es in der Folge zu einem Schädelbruch und Hirnblutungen hätte kommen können. Dieser Auffassung nach hätte D das Leben des X gefährdet.

Stellungnahme

Die Auffassungen kommen zu unterschiedlichen Ergebnissen, sodass es einer Streitentscheidung bedarf. Zwar könnte für die erstgenannte Auffassung sprechen, dass die Norm dem unmittelbaren Schutz des Verletzten dient und nur durch einen konkreten Gefährdungsbezug ihre Legitimationsgrundlage als Qualifikation erhalten soll. Jedoch muss es sich dem Wortlaut nach bloß um eine das Leben gefährdende Behandlung handeln, ohne dass ein lebensgefährdender Körperverletzungserfolg erforderlich ist. Im Übrigen läge bei einer konkreten Lebensgefährdung ohnehin eine Strafbarkeit wegen versuchten Totschlags nahe. Der letztgenannten Auffassung folgend hat D somit durch den Schlag auf den Kopf des X dessen Leben gefährdet.

2. Subjektiver Tatbestand der Qualifikation

D handelte bezüglich der qualifizierenden Merkmale ebenfalls in Kenntnis aller Tatumstände, sowie mit dem Willen zur Tatbestandsverwirklichung, also vorsätzlich.

III. RECHTSWIDRIGKEIT
Es sind keine Rechtfertigungsgründe ersichtlich, D handelte rechtswidrig.

IV. SCHULD
D handelte auch schuldhaft.

V. ERGEBNIS
Indem D dem X mit dem Baseball-Schläger auf den Kopf schlug, hat er sich wegen gefährlicher Körperverletzung gemäß §§ 223 I, 224 I Nr. 2, 4, 5 StGB strafbar gemacht.

D. Strafbarkeit des F gem. §§ 223 I, 224 I Nr. 2, 4, 5, 27 I StGB
F könnte sich wegen Beihilfe zur gefährlichen Körperverletzung gemäß §§ 223 I, 224 I Nr. 2, 4, 5, 27 I StGB strafbar gemacht haben, indem er D begleitete und ihm seine Unterstützung zusicherte.

I. TATBESTAND

1. Objektiver Tatbestand
F müsste den objektiven Tatbestand verwirklicht haben. Eine vorsätzliche rechtswidrige Haupttat liegt, wie bereits vorstehend gezeigt, vor.

a) Hilfeleisten zur Körperverletzung gem. § 223 I, 224 I Nr. 2, 4, 5 StGB
Des Weiteren müsste F Hilfe zur Vortat geleistet haben. Durch die Begleitung des D zum Tatort und die Zusage der Unterstützung im Notfall, hat F den D in dessen bereits gefassten Tatentschluss bestärkt und somit dessen qualifizierte Körperverletzung in Form der psychischen Beihilfe objektiv gefördert.

b) Täterschaft bzgl. § 224 I Nr. 4 StGB
Fraglich ist indes, ob F nicht auch als Mittäter einer mit anderen Beteiligten gemeinschaftlichen begangenen gefährlichen Körperverletzung gemäß § 224 I Nr. 4 StGB zu klassifizieren ist. Jedoch wirkt die gemeinschaftliche Begehung unter Beteiligung eines Gehilfen nur für den Täter qualifizierend i.S.d. § 224 I Nr. 4 StGB. Die Abgrenzung von Täterschaft und Teilnahme richtet sich auch hier nach den allgemeinen Regeln, sodass für F auch bezüglich § 224 I Nr. 4 StGB lediglich Beihilfe vorliegt.

2. Subjektiver Tatbestand
F handelte sowohl bezüglich der vorsätzlichen rechtswidrigen Haupttat des D, als auch bezüglich des Hilfeleistens, in Kenntnis aller Tatumstände und mit dem Willen zur Tatbestandsverwirklichung. F handelte somit vorsätzlich.

II. RECHTSWIDRIGKEIT
F handelte mangels entgegenstehender Rechtfertigungsgründe rechtswidrig.

III. SCHULD
F handelte auch schuldhaft.

IV. ERGEBNIS
F hat sich wegen Beihilfe zur gefährlichen Körperverletzung gemäß §§ 223 I, 224 I Nr. 2, 4, 5, 27 I StGB strafbar gemacht, indem er D begleitete und diesem seine Unterstützung zusicherte.

2. § 224 I Nr. 2 (Vertiefung)
Durch den Wortlaut ist klargestellt, dass das gefährliche Werkzeug der Oberbegriff ist, während die Waffe nur ein Beispiel bildet.

Waffe

Der Begriff der Waffe bestimmt sich zunächst nach § 1 II WaffG.

DEFINITION
Waffe ist ein gefährliches Werkzeug, das nach der Art seiner Herstellung dazu bestimmt ist, Menschen (oder auch Tiere) körperlich zu verletzen.

Hardtung, JuS 2008, 960, 962

Schrotflinten für die Entenjagd und „Elefantenbüchsen" sollten insoweit auch als Waffen eingeordnet werden.

In der Sache ist es bei § 224 I Nr. 1 lit. a) StGB (und auch bei §§ 244 I Nr. 1 lit. a), § 250 I Nr. 1 lit. a), II Nr. 1 StGB) aber egal, ob ein gefährliches Werkzeug die Besonderheiten einer „Waffe" aufweist: Wenn nicht, ist es eben ein „anderes" gefährliches Werkzeug.

Gefährliches Werkzeug

Beim Begriff des gefährlichen Werkzeugs stellt sich die Frage, ob auch ein unbeweglicher Gegenstand hierunter subsumiert werden kann.

BEISPIEL: Täter schlägt das Opfer mit dem Kopf gegen die im Badezimmer fest eingebaute Badewanne.

Nach h.M. ist dies abzulehnen. Das natürliche Sprachempfinden wehrt sich dagegen, eine feste Wand, den gewachsenen Boden oder einen Fels als „Werkzeug" zu bezeichnen. In Betracht kommt aber eine Bestrafung aus § 224 I Nr. 5 StGB. Analogieverbot

Zur Einordnung des Kfz als gefährliches Werkzeug ist das Folgende zu beachten: Kfz als gefährliches Werkzeug

§ 224 I Nr. 2 Alt. 2 StGB setzt voraus, dass die Körperverletzung durch ein von außen auf den Körper des Opfers einwirkendes gefährliches Tatmittel verursacht wird. Ein fahrendes Kraftfahrzeug kann ein gefährliches Werkzeug in diesem Sinne sein; jedoch ist dies nur dann der Fall, wenn die Verletzungen des Opfers durch die Einwirkungen des Fahrzeugs auf seinen Körper verursacht worden sind und nicht durch einen nachfolgenden Sturz. BGH, 4 StR 292/12

III. DIE QUALIFIKATION § 224 I Nr. 1 StGB

> **DEFINITION**
> Als **„Gift"** bezeichnet man jeden anorganischen oder organischen Stoff, der unter bestimmten Bedingungen durch chemische oder chemisch-physikalische Wirkung die Gesundheit schädigen kann.

Gift

BEISPIELE: Zyankali, Salzsäure

„Andere Stoffe" sind solche, die anders wirken, also mechanisch oder thermisch. Andere Stoffe

BEISPIELE: Täter zwingt das Opfer, heißes Wasser oder kleingestoßenes Glas zu schlucken. Bakterien, Viren (HIV-Fall)

„Gesundheitsschädlicher Stoff" kann aber auch ein Stoff des täglichen Bedarfs sein („Salzpudding-Fall"). BGH, RA 2006, 377 = JuS 2006, 758

Für das Beibringen genügt jede Art des Einführens oder Anwendens (auch Infizieren durch Körperkontakt, HIV-Fall), durch die der Stoff seine gesundheitszerstörende Wirkung im Inneren des Körpers oder auch von außen her, wie z.B. durch Salzsäure, entfalten kann. Beibringen

KÖRPERVERLETZUNG

„Daumenregel" zur Abgrenzung von Nr. 1 und Nr. 2

> **MERKSATZ**
>
> Gifte und gesundheitsschädliche Stoffe wirken typischerweise im Inneren des Körpers, Waffen und gefährliche Werkzeuge wirken typischerweise von außen auf den Körper ein. Zwingend ist die aber nicht.

IV. DIE QUALIFIKATION § 224 I Nr. 3 StGB

Hinterlistiger Überfall

> **DEFINITION**
>
> Ein **hinterlistiger Überfall** liegt vor, wenn der Täter planmäßig in einer auf Verdeckung der wahren Absicht berechneten Weise vorgeht, um dadurch dem Gegner die Abwehr des nicht erwarteten Angriffs zu erschweren und die Vorbereitung auf seine Verteidigung nach Möglichkeit auszuschließen.

Abgrenzung zur „Heimtücke"

Der **hinterlistige Überfall** entspricht nicht der Heimtücke beim Mord. Der hinterlistige Überfall erfordert nämlich mehr als die bloße Ausnutzung einer Arg- und Wehrlosigkeit in feindseliger Willensrichtung, die oftmals bei einem überraschenden Angriff von hinterrücks bereits zu bejahen ist. Hinterlist ist erst bei einem planmäßigen Verbergen der Verletzungsabsicht gegeben. Ein Überfall ist nicht schon dann hinterlistig, wenn der Täter für den Angriff auf das Opfer das Überraschungsmoment ausnutzt, indem er es von hinten angreift.

Erhebliche Verletzungen müssen nicht drohen

Anders als die Nrn. 1 und 2 enthält Nr. 3 kein Merkmal der Gefährlichkeit oder Schädlichkeit und setzt deshalb auch keine konkrete Eignung der Tat zu erheblichen Verletzungen voraus. Der Gesetzgeber hat genügen lassen, dass ein hinterlistiger Überfall für das Opfer rein abstrakt gefährlicher ist als ein offener Angriff.

Ein **hinterlistiger Überfall** ist z.B. in folgenden Fällen zu bejahen:

- Entgegentreten mit vorgetäuschter Friedfertigkeit (z.B. „Messer im Blumenstrauß")

Anders für § 250 II Nr. 1: BGH, NStZ 2009, 505 f

- Heimliches Verabreichen von das Bewusstsein trübenden Mitteln (z.B. Alkohol, Drogen oder „K.O.-Tropfen")
- Täter verbirgt sich vor Opfer und lauert ihm auf
- Täter schleicht sich an
- Stellen einer Falle (z.B. Locken an einen Ort, an dem Abwehr- oder Fluchtmöglichkeiten eingeschränkt sind)

D. Die Erfolgsqualifikationen, §§ 226, 227 StGB

I. GRUNDLAGEN
Die §§ 226 und 227 StGB stellen keine echten Qualifikationen, sondern Erfolgsqualifikationen dar.
Der Unterschied ist hinsichtlich der Strafbarkeitsanforderungen nicht zu unterschätzen.

1. Die §§ 18 und 11 II StGB
Für eine „echte Qualifikation" ist gem. § 15 StGB Vorsatz erforderlich.

> **MERKSATZ**
> Hinsichtlich der schweren Folge ist bei Erfolgsqualifikationen gem. § 18 StGB Fahrlässigkeit ausreichend.

§ 18 StGB: Fahrlässigkeit genügt

Einzelne Erfolgsqualifikationen erhöhen diese Fahrlässigkeitsanforderung jedoch auf die Stufe der „Leichtfertigkeit" (was im Wesentlichen der groben Fahrlässigkeit im Zivilrecht entspricht), so z.B. §§ 251 und 306c StGB.
Somit erweisen sich die Erfolgsqualifikationen als sog. **„Vorsatz-Fahrlässigkeits-Kombinationen"**, weil sie ein vorsätzlich verwirklichtes Grunddelikt mit einer fahrlässig herbeigeführten schweren Folge (meist der Todesfolge) kombinieren.
Gem. § 11 II StGB ist die Vorsatz-Fahrlässigkeits-Kombination als Vorsatzdelikt zu behandeln. Dies bedeutet vor allem:

Vorsatz-Fahrlässigkeits-Kombination

§ 11 II StGB: Vorsatzdelikt

> **MERKSATZ**
> Die Erfolgsqualifikation ist eine vorsätzliche (und rechtswidrige) Haupttat und damit teilnahmefähig.

Teilnahme an der Erfolgsqualifikation

BEISPIEL: A stiftet T an, dem O mit dem Baseball-Schläger auf den Kopf zu schlagen. A und T vertrauen ernsthaft darauf, dass O nicht stirbt, was zu ihrem Schrecken aber dennoch passiert.

Im Beispiel macht sich T gem. §§ 223 I, 227 I StGB strafbar. A ist zu dieser Vorsatztat – vgl. § 11 II StGB – Anstifterin, wenn auch sie hinsichtlich der schweren Folge zumindest fahrlässig gehandelt hat, vgl. § 18 StGB.

§ 18 StGB gilt auch für Teilnehmer

2. Der Unmittelbarkeitszusammenhang

Alle Erfolgsqualifikationen weisen den sog. **„Strafrahmensprung"** auf. Damit ist die massive Erhöhung der Mindeststrafe im Vergleich zu den Grunddelikten gemeint, aus denen sich die Erfolgsqualifikation „zusammensetzt".

BEISPIEL: Die Körperverletzung mit Todesfolge ist eigentlich eine Zusammenfügung von Körperverletzung und fahrlässiger Tötung.

223 I + 222 = 227 I

Betrachtet man nun die jeweiligen Mindeststrafen, so ergibt sich:
Mindestens Geldstrafe bei § 223 I StGB und mindestens Geldstrafe bei § 222 StGB „addieren" sich bei § 227 I StGB zu einer Mindeststrafe von 3 Jahren.
Dass diese „Rechnung" eigentlich nicht aufgeht, soll mit dem Begriff des „Strafrahmensprungs" gekennzeichnet werden.
Vor diesem Hintergrund herrscht weitgehende Einigkeit darüber, dass alle Erfolgsqualifikationen einer restriktiven Auslegung bedürfen. Dies geschieht, indem ein ungeschriebenes Tatbestandsmerkmal hinzugefügt wird, welches die Strafanforderungen so heraufsetzt, dass der erhöhte Strafrahmen wieder als schuldangemessen erscheint.

Dies wird erläutert am nächsten Fall.

SACHVERHALT

FALL 3: EINE SAFTIGE OHRFEIGE
Problemschwerpunkt: Der Unmittelbarkeitszusammenhang bei §§ 226, 227

Die Kneipenbrüder T und O treffen sich regelmäßig mittwochs zum Stammtisch. Als sich die beiden einmal mehr ein hitziges Wortgefecht liefern und dem T die Argumente ausgehen, fällt diesem nichts Besseres ein, als O mit der flachen Hand eine heftige Ohrfeige zu verpassen. Die Ohrfeige führt zu einer Rötung der Wange.

Zudem zerreißt durch die Erschütterung des Schlages bei O ein Aneurysma an einer hirnversorgenden Schlagader, das aufgrund einer angeborenen Bindegewebsschwäche entstanden ist. Die starken Einblutungen in das Gehirn führen sofort zu dessen Tod.

Strafbarkeit des T?

Körperverletzung mit Todesfolge, §§ 223 I, 227 I StGB

LÖSUNG

  I. Tatbestand des Grunddelikts, § 223 I StGB
     1. Objektiver Tatbestand
     2. Subjektiver Tatbestand
 II. Tatbestand der Erfolgsqualifikation, § 227 I StGB
     1. Eintritt des Todes beim Opfer der Körperverletzung
     2. Handlung
     3. Kausalität
     4. Objektive Zurechnung
     5. Unmittelbarkeitszusammenhang
        a) Anknüpfung an das Grunddelikt
        b) Spezifischer Gefahrenzusammenhang
     6. Wenigstens Fahrlässigkeit, § 18 StGB
III. Rechtswidrigkeit
IV. Schuld

PRÜFUNGSSCHEMA

A. Strafbarkeit des T gemäß § 223 I StGB

T könnte sich wegen Körperverletzung gemäß § 223 I StGB strafbar gemacht haben, indem er O mit der flachen Hand eine Ohrfeige gab.

> **KLAUSURHINWEIS**
>
> Der Aufbau des Grunddelikts und der Erfolgsqualifikation in einer Prüfung stellt eine erhebliche Fehlerquelle dar und sollte, sofern man sich dieser Fehlerquelle nicht ausgesetzt sehen will, vermieden werden. So ist beispielsweise darauf zu achten, dass das Grunddelikt eine Vorsatzstraftat, die Erfolgsqualifikation jedoch ein Fahrlässigkeitsdelikt darstellt. Es sind insofern unterschiedliche Ansprüche an den subjektiven Tatbestand zu stellen.
>
> Zudem wirkt das Gutachten getrennt übersichtlicher, wenn eine Strafbarkeit bezüglich des Grunddelikts angenommen, bezüglich der Erfolgsqualifikation jedoch abgelehnt wird.
>
> Aus diesen Gründen erfolgt hier zunächst die Prüfung des Grunddelikts.

I. TATBESTAND

1. Objektiver Tatbestand

a) Körperliche Misshandlung
T müsste den O körperlich misshandelt haben. Eine körperliche Misshandlung ist eine üble, unangemessene Behandlung, die zu einer nicht unerheblichen Beeinträchtigung des körperlichen Wohlempfindens oder der körperlichen Unversehrtheit führt. Indem T dem O eine Ohrfeige gab, hat er diesen zumindest in dessen körperlichen Wohlbefinden erheblich beeinträchtigt. T hat den O somit körperlich misshandelt.

b) Gesundheitsschädigung
Zudem hat T durch den Schlag mit einer Rötung der Wange des O einen von den körperlichen Normalfunktionen negativ abweichenden Zustand hervorgerufen. Eine Gesundheitsschädigung liegt mithin ebenfalls vor.

2. Subjektiver Tatbestand
T handelte dabei mit dem Willen zur Tatbestandverwirklichung sowie in Kenntnis der Tatumstände. Dies reicht zur Verwirklichung des subjektiven Tatbestandes aus.

> **MERKSATZ**
> Sollte sich der Vorsatz des Täters lediglich auf eine der beiden Tatvarianten in § 223 I StGB beziehen, reicht dies dennoch für die Verwirklichung des subjektiven Tatbestandes aus.

II. RECHTSWIDRIGKEIT
Mangels entgegenstehender Rechtfertigungsgründe handelte T rechtswidrig.

III. SCHULD
T handelte auch schuldhaft.

IV. ERGEBNIS
T hat sich wegen Körperverletzung gemäß § 223 I StGB strafbar gemacht, indem er O eine Ohrfeige gab.

B. Strafbarkeit des T gemäß §§ 223 I, 227 I StGB
Weiterhin könnte sich T wegen Körperverletzung mit Todesfolge gemäß §§ 223 I, 227 I StGB strafbar gemacht haben, indem er O eine Ohrfeige gab und dieser verstarb.

I. TATBESTAND DES GRUNDDELIKTS, § 223 I StGB
Indem T dem O eine Ohrfeige verpasste, hat er den Tatbestand der Körperverletzung gemäß § 223 I StGB verwirklicht.

II. TATBESTAND DER ERFOLGSQUALIFIKATION, § 227 I StGB

1. Eintritt des Todes beim Opfer der Körperverletzung
O verstarb nach der Ohrfeige, sodass der tatbestandsmäßige Erfolg eingetreten ist.

2. Handlung
Der Schlag des T war ein von seinem Willen gesteuertes menschliches Verhalten und damit auch vermeidbar. Eine Handlung liegt mithin vor.

3. Kausalität
Dieser Schlag kann auch nicht hinweggedacht werden, ohne dass der tatbestandsmäßige Erfolg – der Tod des O - entfiele. Die Handlung war mithin kausal i.S.d. Äquivalenztheorie.

4. Objektive Zurechnung
Weiterhin müsste der Erfolg dem T objektiv zurechenbar sein.

> **DEFINITION**
> Dem Täter ist ein Erfolg **objektiv zuzurechnen**, wenn er durch sein Verhalten eine rechtlich relevante Gefahr geschaffen hat und sich gerade diese Gefahr im tatbestandsmäßigen Erfolg niedergeschlagen hat.

Vgl. zu Problemen der objektiven Zurechnung: JI-Pocket Strafrecht AT

T hat durch die Ohrfeige zwar eine rechtlich relevante Gefahr geschaffen, fraglich ist jedoch, ob der eingetretene Erfolg eine atypische Folge der geschaffenen Gefahr darstellt. So könnte es sich im gegebenen Fall um einen atypischen Kausalverlauf handeln. Ein solcher liegt vor, wenn der eingetretene Erfolg außerhalb dessen liegt, was nach allgemeiner Lebenserfahrung hätte erwartet werden können. Dass aufgrund einer

Vorerkrankung des Opfers der durch die Tathandlung zugefügte Schaden tiefgreifender ist, als der Täter erwartet hat, liegt nicht außerhalb der allgemeinen Lebenserfahrung. Auch hat der Täter keinen „Anspruch" darauf, dass sein Opfer vor Hinzufügen einer Verletzung vollkommen gesund ist. Der Tod des O ist dem T somit objektiv zurechenbar.

5. Unmittelbarkeitszusammenhang

Herleitung des ungeschriebenen Tatbestandsmerkmals „Unmittelbarkeitszusammenhang"

Im Hinblick auf die stark erhöhte Mindeststrafe der Erfolgsqualifikation im Vergleich zum Grunddelikt ergibt sich, dass eine einfache Kausalität des Grunddelikts für die schwere Folge und die objektive Zurechenbarkeit zur Annahme der Erfolgsqualifikation nicht ausreichen können. Es ist somit eine verfassungskonforme restriktive Auslegung notwendig, die durch das ungeschriebene Tatbestandsmerkmal des Unmittelbarkeitszusammenhangs erreicht wird. Dieser setzt neben der objektiven Zurechnung eine Anknüpfung an das Grunddelikt sowie das Vorhandensein eines spezifischen Gefahrenzusammenhangs voraus.

a) Anknüpfung an das Grunddelikt

Umstritten ist, wie bei den Erfolgsqualifikationen der Körperverletzung (§§ 226, 227 StGB) an das Grunddelikt anzuknüpfen ist.

Letalitätstheorie

Einer Auffassung nach ist der erforderliche Unmittelbarkeitszusammenhang im Rahmen der Erfolgsqualifikationen der Körperverletzung nur dann gegeben, wenn die schwere Folge durch den – vom Täter vorsätzlich herbeigeführten – Erfolg des Grunddelikts verursacht wird (sog. **„Letalitätstheorie"**). Dem Wortlaut der §§ 226 I, 227 I StGB sei mit „durch die Körperverletzung" und „verletzten Person" die Intention des Gesetzgebers zu entnehmen, dass der Erfolg des Grunddelikts als Durchgangsstadium anzusehen sei. Der Erfolg der Körperverletzung waren im gegebenen Fall die körperliche Misshandlung sowie die Wangenrötung. Dies stellt jedoch keine tödliche Wunde dar, durch die das Opfer gestorben ist. Dieser Auffassung folgend wäre der Unmittelbarkeitszusammenhang mangels Anknüpfung an das Grunddelikt nicht gegeben.

> **MERKSATZ**
> Dieser Auffassung nach kann es keinen sog. **erfolgsqualifizierten Versuch** der §§ 226 I, 227 I StGB geben, da bei einem Versuch eben dieser tatbestandsmäßige Erfolg fehlt.

Einer Gegenauffassung nach liegt der Unmittelbarkeitszusammenhang vor, wenn entweder die Handlung oder der Erfolg des Grunddelikts die schwere Folge bewirkt haben. Der Schlag des T hat hier dazu geführt, dass O gestorben ist. Ein solcher Schlag birgt immer auch die Gefahr in sich, dass das Opfer aufgrund etwaiger Anfälligkeit einen schwereren Schaden davonträgt. Anknüpfend an die Tathandlung des T ist die Anknüpfung an das Grunddelikt gegeben.

BGHSt 14, 110

Die Auffassungen kommen zu unterschiedlichen Ergebnissen, sodass es einer Entscheidung des Streits bedarf. Zwar kann der Wortlaut der §§ 226 I, 227 I StGB zugunsten der Letalitätstheorie ausgelegt werden, jedoch kann sich die Gegenauffassung ebenfalls auf den Wortlaut stützen. So werden in § 227 I StGB als Grunddelikte ohne Ausnahme die §§ 223 bis 226 genannt, sodass auch die Versuchsregelungen der §§ 223 II, 224 II StGB als Grunddelikte in Betracht kommen. Der Gegenauffassung nach wäre, anders als nach der Letalitätstheorie, ein erfolgsqualifizierter Versuch der §§ 226 I, 227 I StGB möglich. Dies ist jedoch kriminalpolitisch wünschenswert, um die §§ 226 I, 227 I StGB nicht zu sehr einzuengen. Die besseren Argumente sprechen für die letztgenannte Auffassung, sodass die Anknüpfung an das Grunddelikt gegeben ist.

b) Spezifischer Gefahrenzusammenhang

Ein tödlicher Ausgang müsste gerade als typische Folge der geschaffenen Gefahr anzusehen sein. Diese Voraussetzung ist insofern enger als die der objektiven Zurechnung. Die Anknüpfung der Erfolgsqualifikation an das Grunddelikt erfolgt im gegebenen Fall, der Gegenauffassung zur Letalitätstheorie folgend, durch die Tathandlung. Jedoch wohnt einer Ohrfeige nicht die spezifische Gefahr eines tödlichen Ausgangs inne, sodass hier eine spezifisch-gefährliche Tathandlung nicht gegeben ist. Der Unmittelbarkeitszusammenhang scheitert mithin am spezifischen Gefahrenzusammenhang zwischen Tathandlung des Grunddelikts und Erfolgsqualifikation.

Die schwere Folge muss geradezu typisch gewesen sein.

> **KLAUSURHINWEIS**
> Sie können ebenso die Entscheidung des oben geführten Streits überspringen, wenn sie jedenfalls zur Ablehnung des spezifischen Gefahrenzusammenhangs gelangen. Dies hätte etwa mit der Formulierung: „Ein Streitentscheid kann jedoch dahinstehen, wenn jedenfalls die weitere Voraussetzung des spezifischen Gefahrenzusammenhangs nicht vorliegt." eingeleitet werden können. Ein Springen auf gleicher Gutachtenebene ist grundsätzlich möglich, jedoch nicht bei allen Prüfern gleichermaßen anerkannt.
>
> Im Examen wird dies häufig kein Problem darstellen. Wir raten Ihnen jedoch dazu, dies in Klausuren für den kleinen Schein, deren Schwerpunkt unter anderem auf der sauberen Anwendung des Gutachtenstils liegt, zu vermeiden.
>
> Achten Sie bei Ihrem Gutachtenaufbau auf lokale Präferenzen.

III. ERGEBNIS
T hat sich nicht wegen Körperverletzung mit Todesfolge gemäß §§ 223 I, 227 I StGB strafbar gemacht, indem er O eine Ohrfeige gab und dieser verstarb.

C. Strafbarkeit des T gemäß § 222 StGB
T könnte sich jedoch wegen fahrlässiger Tötung gemäß § 222 StGB strafbar gemacht haben, indem er O eine Ohrfeige gab und dieser verstarb.

I. TATBESTANDSMÄSSIGKEIT

1. Tötung eines Menschen
O wurde durch die Ohrfeige, eine Handlung des T, getötet.

2. Objektive Sorgfaltspflichtverletzung
T hatte dem O eine Ohrfeige gegeben und damit den Tatbestand der Körperverletzung gemäß § 223 I StGB verwirklicht. Die objektive Sorgfaltspflichtverletzung ist bereits infolge der vorsätzlich begangenen Körperverletzung zu bejahen.

3. Objektive Vorhersehbarkeit des konkreten Erfolges und des wesentlichen Kausalverlaufs
Der konkrete Erfolg, sowie der wesentliche Kausalverlauf müssten objektiv vorhersehbar gewesen sein. Die objektive Vorhersehbarkeit ist

gegeben, wenn der Eintritt des tatbestandlichen Erfolges nicht außerhalb der allgemeinen Lebenserfahrungen liegt. Es hat sich zwar nicht die durch die Ohrfeige gesetzte typische Gefahr verwirklicht, jedoch liegt es nicht ganz außerhalb der allgemeinen Lebenserfahrungen, dass bei jemandem aufgrund einer heftigen Erschütterung durch einen Schlag an den Kopf anfällige Adern platzen und derjenige infolgedessen stirbt. Der konkrete Erfolg, sowie der wesentliche Kausalverlauf waren somit objektiv vorhersehbar.

4. Objektive Zurechnung

a) Pflichtwidrigkeitszusammenhang
Zunächst müsste der Pflichtwidrigkeitszusammenhang gegeben sein. Dies ist der Fall, wenn der konkrete Erfolg bei pflichtmäßigem Verhalten nicht eingetreten wäre. Hätte T sich pflichtgemäß verhalten und dem O keine Ohrfeige gegeben, wäre es bei diesem auch nicht in Folge eines gerissenen Aneurysmas zu Einblutungen in das Gehirn gekommen. Der Pflichtwidrigkeitszusammenhang besteht somit.

b) Schutzzweckzusammenhang
Weiterhin müsste der Schutzzweckzusammenhang bestehen. Dieser ist gegeben, wenn es zumindest auch Sinn und Zweck der verletzten Sorgfaltsnorm ist, den tatbestandsmäßigen Erfolg zu verhindern. Sinn und Zweck der sich aus § 223 I StGB ergebenden Pflicht, niemand körperlich zu misshandeln oder dessen Gesundheit zu schädigen, ist zumindest auch, neben der körperlichen Unversehrtheit das Leben des Opfers zu schützen und damit die hier eingetretene Folge zu verhindern. Der Schutzzweckzusammenhang ist somit ebenfalls gegeben.

II. RECHTSWIDRIGKEIT
T handelte rechtswidrig.

III. SCHULD
T ist schuldfähig. Zudem hätte er seinen individuellen Fähigkeiten nach seinen Sorgfaltspflichtverstoß erkennen können, sodass auch der Fahrlässigkeitsschuldvorwurf, also die subjektive Sorgfaltspflichtverletzung bei subjektiver Vorhersehbarkeit des konkreten Erfolges und des wesentlichen Kausalverlaufs, vorliegt. T handelte somit auch schuldhaft.

IV. ERGEBNIS
T hat sich wegen fahrlässiger Tötung gemäß § 222 StGB strafbar gemacht, indem er O eine Ohrfeige gab.

D. Konkurrenzen

FALLENDE

Die fahrlässige Tötung steht zur vorsätzlichen Körperverletzung in Tateinheit, T hat sich somit gemäß §§ 223 I, 222, 52 StGB strafbar gemacht.

II. DER ERFOLGSQUALIFIZIERTE VERSUCH (VERTIEFUNG)

Bei einem sog. **„erfolgsqualifizierten Versuch"** ist das Grunddelikt bloß versucht worden, der qualifizierte Erfolg aber dennoch eingetreten.

Voraussetzung: Anknüpfung an die Tathandlung des Grunddelikts

Eine solche Konstellation ist nur denkbar, wenn die Erfolgsqualifikation (zumindest auch) anknüpft an die spezifische Gefährlichkeit der Tathandlung des Grunddelikts. Eine Anknüpfung an den Taterfolg des Grunddelikts ist nicht möglich, da der Erfolg des Grunddelikts ja ausgeblieben ist.

Das wohl am häufigsten geprüfte Beispiel im Bereich der Körperverletzungsdelikte dürfte der Fall der „kopflosen Flucht" sein.

Die „kopflose Flucht"

> **BEISPIEL:** Täter verfolgt seinen Feind F, um ihm mit einem Knüppel eine heftige Abreibung zu verpassen. F flieht in panischer Angst, rennt über eine rote Ampel und wird von einem LKW erfasst. Ohne einen einzigen Schlag von T abbekommen zu haben, stirbt F an den Unfallfolgen.

BGH, 5 StR 42/02 („Gubener Hetzjagd")

Anknüpfend an den oben im Fall dargestellten Streit, ob die schwere Folge bei den §§ 226, 227 StGB nur aus dem Erfolg des Grunddelikts herrühren kann (sog. Letalitätstheorie), oder auch aus der Gefährlichkeit der Tathandlung (so BGH), löst sich der Fall wie folgt: Nach BGH kommt wegen der Gefährlichkeit der Verfolgungshandlung, die beim Opfer eine „kopflose Flucht" auslösen kann, eine Bestrafung wegen versuchter Körperverletzung mit Todesfolge, §§ 223 I, 22, 23 I, 227 StGB in Betracht. Nach der Letalitätstheorie hingegen kommt bloß eine versuchte gefährliche Körperverletzung in Tateinheit mit fahrlässiger Tötung in Betracht.

Versuchte Körperverletzung mit Todesfolge, §§ 223 I, 22, 23 I, 227 StGB

PRÜFUNGSSCHEMA

   I. Vorprüfung
  II. Tatbestand des Versuchs des Grunddelikts
      1. Tatentschluss zum Grunddelikt
      2. Unmittelbares Ansetzen zum Grunddelikt
 III. Voraussetzungen der Erfolgsqualifikation
      1. Eintritt der schweren Folge
      2. Handlung
      3. Kausalität
      4. Objektive Zurechnung
      5. Unmittelbarkeitszusammenhang
         a) Anknüpfung an das Grunddelikt
         b) Spezifischer Gefahrenzusammenhang
      6. Fahrlässigkeit, § 18 StGB
  IV. Rechtswidrigkeit
   V. Schuld

KLAUSURHINWEIS
Das dargestellte Problem wäre unter III. 5. a) zu verorten.

MERKSATZ
Die §§ 226 und 227 StGB sind hinsichtlich der Probleme beim Unmittelbarkeitszusammenhang strukturgleich. Alle Ausführungen zu § 227 StGB können also sinngemäß immer auf § 226 StGB übertragen werden.

E. Die fahrlässige Körperverletzung, § 229 StGB

Der Tatbestand der fahrlässigen Körperverletzung gem. § 229 StGB folgt in seinem Prüfungsschema dem allgemeinen Schema des fahrlässigen Erfolgsdelikts. Die Definitionen entsprechen denen der vorsätzlichen Körperverletzung.

FALL 4: DIE AUTOFAHRT

Problemschwerpunkt: Abgrenzung Eventualvorsatz/bewusste Fahrlässigkeit, Vorverlagerung des Sorgfaltspflichtverstoßes

Angelehnt an BGH, NJW 1995, 795

K litt als Folge schwerer Hirnverletzungen, die er sich bei einem Bootsunfall in Rimini 1995 zugezogen hatte, an epileptischen Anfällen. Trotz ärztlicher Behandlung sowie Medikamenteneinstellung kam es immer wieder und in unterschiedlicher Stärke zu Anfällen, die teilweise bis zu Bewusstseinsstörungen in einem sog. Dämmerzustand auftraten. Die meisten Anfälle ereigneten sich nachts, allerdings kam es zuweilen auch tagsüber – insbesondere in Situationen erhöhter Anspannung und Belastung – zu solchen Anfällen.

Trotz seiner Erkrankung fuhr K seit mehreren Jahren Auto, wobei er zumeist kürzere Strecken zurücklegte. Dies tat er trotz der ärztlichen Hinweise, dass er wegen seiner Krankheit nicht Auto fahren dürfte. Auch einen entsprechenden Hinweis auf dem Beipackzettel des von ihm eingenommenen Medikaments ignorierte er.

An einem Samstag fuhr er bei widrigen Verkehrs- und Witterungsbedingungen mit seinem Fahrzeug eine Strecke von 600 km, unterbrochen durch mehrere Pausen. Dabei hoffte er, dass er während der Fahrt keinen Anfall erleidet. Kurz nachdem er seine Weiterfahrt nach einer Pause wieder aufgenommen hatte erlitt K, ohne vorherige Ankündigung und innerhalb von Sekundenbruchteilen, einen Anfall, bei dem sich neben einer Dämmerungsattacke auch sein rechtes Bein verkrampfte, das Gaspedal daraufhin durchgedrückt wurde und er infolgedessen mit erhöhter Geschwindigkeit über eine rote Ampel fuhr und dabei die Fußgängerin U erfasste. U zog sich neben einem Beinbruch auch eine Gehirnerschütterung sowie mehrere Prellungen zu.

Strafbarkeit des K?

Bearbeitervermerk:
Die §§ 315 ff StGB sind nicht zu prüfen.

Fahrlässige Körperverletzung, § 229 StGB

PRÜFUNGSSCHEMA

I. Tatbestand
 1. Eintritt des tatbestandsmäßigen Erfolges
 2. Handlung
 3. Kausalität
 4. Objektive Sorgfaltspflichtverletzung
 5. Objektive Vorhersehbarkeit des konkreten Erfolges und des konkreten Kausalverlaufs
 6. Objektive Zurechenbarkeit
  a) Pflichtwidrigkeitszusammenhang
  b) Schutzzweckzusammenhang
  c) Keine eigenverantwortliche Selbstgefährdung
II. Rechtswidrigkeit
III. Schuld
 1. Schuldfähigkeit
 2. Subjektive Sorgfaltspflichtverletzung
 3. Subjektive Vorhersehbarkeit des konkreten Erfolges und des wesentlichen Kausalverlaufs

A. Strafbarkeit des K gemäß § 223 I StGB durch Durchdrücken des Gaspedals

LÖSUNG

K könnte sich wegen Körperverletzung gemäß § 223 I StGB strafbar gemacht haben, indem er das Gaspedal durchdrückte.

I. TATBESTAND

1. Objektiver Tatbestand

a) Körperverletzung

Der tatbestandsmäßige Erfolg, eine Körperverletzung, müsste bei U eingetreten sein. Eine Körperverletzung umfasst die Tatvarianten der körperlichen Misshandlung sowie der Gesundheitsschädigung. Eine körperliche Misshandlung ist eine üble, unangemessene Behandlung, die zu einer nicht unerheblichen Beeinträchtigung des körperlichen Wohlempfindens oder der körperlichen Unversehrtheit führt. Eine Gesundheitsschädigung ist das Steigern oder Hervorrufen eines von den normalen körperlichen Funktionen negativ abweichenden (pathologischen) Zustandes. Das Hinzufügen eines Beinbruchs, einer Gehirnerschütterung sowie mehreren Prellungen ist nicht nur eine üble, unangemessene Behandlung, die das Wohlbefinden sowie die körperliche Unversehrtheit der U erheblich beeinflussen, die Verletzungen führen auch zu einem pathologischen Zustand. Eine körperliche Misshandlung sowie eine Gesundheitsschädigung liegen vor, der tatbestandsmäßige Erfolg ist mithin eingetreten.

2. Tathandlung
Es müsste eine Handlung seitens des K vorliegen.

Faustformel: Handlung ist Vermeidbarkeit

> **DEFINITION**
> Eine **Handlung** ist jedes Verhalten, das vom Willen beherrscht oder zumindest beherrschbar und damit auch vermeidbar ist.

Das Durchdrücken des Gaspedals ist auf die Verkrampfung des rechten Beines zurückzuführen, die wiederum eine Folge des epileptischen Anfalls war. Zu diesem Zeitpunkt fehlte es dem K an einer willentlichen Beherrschbarkeit des Verhaltens, sodass eine Handlung im strafrechtlichen Sinne nicht vorliegt.

> **KLAUSURHINWEIS**
> Alternativ können Sie auch die Prüfung des tatbestandsmäßigen Erfolges überspringen und die Strafbarkeit direkt bei der Prüfung der Tathandlung beginnen und ablehnen.
>
> Mit dem hier gewählten Gutachtenaufbau können Sie bei der anschließenden Prüfung auf den bereits hier geprüften Tatererfolg verweisen.

II. ERGEBNIS
K hat sich nicht wegen Körperverletzung gemäß § 223 I StGB strafbar gemacht, indem er das Gaspedal durchdrückte.

Vorverlagerung des Anknüpfungspunktes für die strafrechtliche Verantwortlichkeit auf ein willentliches Verhalten

B. Strafbarkeit des K gemäß § 223 I StGB durch Inbetriebnahme des Fahrzeugs

K könnte sich jedoch mit der Inbetriebnahme des Fahrzeuges wegen Körperverletzung gemäß § 223 I StGB strafbar gemacht haben.

I. TATBESTAND

1. Objektiver Tatbestand

a) Körperverletzung
Ein tatbestandsmäßiger Erfolg ist, wie bereits vorstehend gezeigt, eingetreten.

b) Handlung
Zur Zeit der Inbetriebnahme des Fahrzeuges litt K noch nicht an einem epileptischen Anfall, sodass dies ein vom Willen des K getragenes Verhalten darstellt. Eine Handlung liegt vor.

c) Kausalität
Die Handlung des K müsste kausal gewesen sein. Die Inbetriebnahme des Fahrzeuges durch K kann nicht hinweggedacht werden, ohne dass der tatbestandsmäßige Erfolg – die Körperverletzung der U – entfiele. Sie war somit kausal iSd. Äquivalenztheorie.

d) Objektive Zurechnung
Der tatbestandsmäßige Erfolg müsste dem K auch objektiv zurechenbar sein. Dem Täter ist ein Erfolg objektiv zuzurechnen, wenn er durch sein Verhalten eine rechtlich relevante Gefahr geschaffen hat und sich gerade diese Gefahr im tatbestandsmäßigen Erfolg niedergeschlagen hat. Trotz der ärztlichen Hinweise, sowie der Warnungen auf dem Beipackzettel hatte K sein Fahrzeug in Betrieb genommen. Damit hatte er eine rechtlich relevante Gefahr geschaffen, die sich gerade im tatbestandsmäßigen Erfolg, der Verletzung der U, niedergeschlagen hat. Der Erfolg ist dem K objektiv zuzurechnen.

2. Subjektiver Tatbestand
K müsste vorsätzlich gehandelt haben. Vorsatz ist der Wille zur Tatbestandsverwirklichung in Kenntnis seiner objektiven Tatumstände. K könnte mit bedingtem Vorsatz gehandelt haben. Dieser ist von der bewussten Fahrlässigkeit abzugrenzen.

Bedingter Vorsatz setzt zunächst unstreitig ein intellektuelles Element, die Kenntnis der objektiven Umstände, voraus. Dabei ist ausreichend, dass der Täter den tatbestandsmäßigen Erfolg für möglich und nicht ganz fernliegend hält. Zwar fuhr K seit mehreren Jahren Auto, ohne während der Fahrt

vgl. § 16 I 1 StGB

einen Anfall erlitten zu haben. Ihm war jedoch bewusst, dass das Risiko eines Anfalls in Situationen besonderer Anspannung und Belastung erhöht ist. Aufgrund einer zurückzulegenden Strecke dieser Länge bei widrigen Verkehrs- und Witterungsbedingungen müsste er einen Anfall und damit auch eine potentielle Verletzung von anderen Verkehrsteilnehmern zumindest als möglich angesehen haben. Umstritten ist, ob der bedingte Vorsatz neben dem intellektuellen Element auch ein voluntatives Element voraussetzt.

Kognitive Theorie: Intellektuelles Element ausreichend

Einer Auffassung nach ist ein voluntatives Element nicht nötig. So sei es für den bedingten Vorsatz ausreichend, dass der Täter den Erfolgseintritt zumindest für möglich hält und dennoch handelt (sog. **Möglichkeitstheorie**). Das intellektuelle Element liegt, wie vorstehend gezeigt, vor. Dieser Auffassung nach hätte K vorsätzlich gehandelt.

Voluntative Theorie: Intellektuelles und voluntatives Element nötig auch „Ernstnahmetheorie" genannt

Sodann wird die Auffassung vertreten, dass bedingter Vorsatz anzunehmen ist, wenn der Täter den Erfolgseintritt „billigend in Kauf nimmt" (sog. **Billigungstheorie**). Eine Billigung im Rechtssinne sei dabei auch gegeben, wenn der Erfolgseintritt dem Täter zwar unerwünscht ist, er sich aber dennoch damit abfindet. K hoffte darauf, keinen Anfall zu erleiden und somit auch, dass der tatbestandsmäßige Erfolg nicht eintritt. Dabei müsste es sich zur Ablehnung des Vorsatzes um ein ernsthaftes Vertrauen handeln, ein nur vages Vertrauen ist nicht ausreichend und würde zur Annahme des bedingten Vorsatzes führen. Mangels entgegenstehender Hinweise und schon vor dem Hintergrund des Selbstschutzes ist davon auszugehen, dass K ernsthaft auf das Ausbleiben eines Anfalls hoffte. Dieser Auffassung folgend handelte K ohne Vorsatz.

> **KLAUSURHINWEIS**
> Daneben gibt es noch weitere kognitive und voluntative Theorien, die sich von den hier angeführten Auffassungen in den Anforderungen an das intellektuelle bzw. das voluntative Element unterscheiden.
>
> Diese weiteren Theorien dürfen in einer Hausarbeit natürlich nicht fehlen. Für die Klausur ist einer Auseinandersetzung mit den hier genannten Auffassungen jedoch ausreichend.

Die Auffassungen kommen zu unterschiedlichen Ergebnissen, sodass der Streit entschieden werden muss. Generell spricht gegen die Möglichkeitstheorie, dass es dieser folgend keine bewusste, sondern nur eine unbewusste Fahrlässigkeit gibt. Dies würde die Vorsatzstrafbarkeit bedenklich weit ausdehnen. Zudem spricht für die Billigungstheorie, dass diese berücksichtigt, ob eine bewusste Auflehnung des Täters gegen die Rechtsordnung vorliegt oder dies nur aus Nachlässigkeit passiert. Die besseren Argumente sprechen für die Billigungstheorie. K handelte nicht vorsätzlich.

II. ERGEBNIS
K hat sich nicht wegen Körperverletzung gemäß § 223 I StGB strafbar gemacht, indem er das Fahrzeug in Betrieb nahm.

C. Strafbarkeit des K gemäß § 229 StGB durch Inbetriebnahme des Fahrzeugs
K könnte sich wegen fahrlässiger Körperverletzung gemäß § 229 StGB strafbar gemacht haben, indem er das Fahrzeug in Betrieb nahm.

I. TATBESTAND

1. Eintritt des tatbestandsmäßigen Erfolges
Der tatbestandsmäßige Erfolg, eine Körperverletzung, ist eingetreten.

2. Tathandlung
Die Inbetriebnahme des Fahrzeugs stellt eine Handlung im strafrechtlichen Sinne dar.

3. Kausalität
Auch war die Tathandlung des K kausal für den Eintritt des tatbestandsmäßigen Erfolges.

4. Objektive Sorgfaltspflichtverletzung
K müsste objektiv eine Sorgfaltspflicht verletzt haben. § 1 I StVO erfordert von den Teilnehmern am Straßenverkehr ständige Vorsicht und gegenseitige Rücksicht. Dies setzt aber gerade im Hinblick auf das Leben und die Gesundheit anderer Verkehrsteilnehmer voraus, dass die Straßenverkehrsteilnehmer hierzu jederzeit in erforderlicher Verfassung sind. Für K bestand die Gefahr, jederzeit einen Anfall zu erleiden, sodass seine Vorsicht und Rücksichtnahme jederzeit ohne Vorwarnung aufgehoben werden konnte. Ein Sorgfaltspflichtverstoß liegt somit vor.

5. Objektive Vorhersehbarkeit des konkreten Erfolges sowie des wesentlichen Kausalverlaufs

Weiterhin war ein entsprechender Erfolgseintritt aufgrund eines epileptischen Anfalls des K während der Autofahrt, insbesondere mit Blick auf die den widrigen Bedingung geschuldeten erhöhten Anspannungen und Belastung des K nicht unvorhersehbar.

6. Objektive Zurechenbarkeit

a) Pflichtwidrigkeitszusammenhang

Es müsste ein Pflichtwidrigkeitszusammenhang bestehen. Dies ist der Fall, wenn der konkrete Erfolg bei pflichtmäßigem Verhalten nicht eingetreten wäre. Hätte sich K pflichtgemäß verhalten, wäre es nicht zu dem Unfall gekommen. Der Pflichtwidrigkeitszusammenhang somit ist gegeben.

b) Schutzzweckzusammenhang

Weiterhin müsste es zumindest auch Sinn und Zweck der verletzten Sorgfaltspflicht sein, den Eintritt des tatbestandsmäßigen Erfolges zu verhindern. Sinn und Zweck der in § 1 I StVO normierten Sorgfaltspflicht ist gerade, Unfälle zu verhindern, die aus fehlender Vorsicht oder Rücksicht entstehen. Der Schutzzweckzusammenhang ist mithin ebenfalls gegeben.

c) Keine eigenverantwortliche Selbstgefährdung

U war nicht mit K bekannt und hat sich auch nicht bewusst der Gefahr ausgesetzt.

> **KLAUSURHINWEIS**
>
> An dieser Stelle kann, gerade bei der Prüfung von Trunkenheitsfahrten, eine Abgrenzung der eigenverantwortlichen Selbstgefährdung zur einverständlichen Fremdgefährdung notwendig werden.
>
> Im Gegensatz zur Selbstgefährdung wirkt die Fremdgefährdung nicht tatbestandsausschließend, sie entfaltet ihre Wirkung erst auf Rechtswidrigkeitsebene.

II. RECHTSWIDRIGKEIT

Mangels entgegenstehender Rechtfertigungsgründe handelte K rechtswidrig.

III. SCHULD

1. Schuldfähigkeit
K war schuldfähig.

2. Subjektive Sorgfaltspflichtverletzung
K müsste nach seinen persönlichen Fähigkeiten dazu imstande gewesen sein, die Sorgfaltspflichtverletzung zu erkennen. Es ist eine die Krankheit geradezu prägende Eigenart des Anfallleidens, dass der Erkrankte jederzeit unvorhersehbar in einen bewusstseinsveränderten Zustand geraten kann, bei dem er die Übersicht über das Geschehen verliert. K, der schon seit Jahrzehnten an dieser Krankheit litt, war sich dessen auch bewusst. Er besaß somit die individuellen Fähigkeiten eine Verletzung der Sorgfaltspflicht vorauszusehen.

3. Subjektive Vorhersehbarkeit des konkreten Erfolges und des wesentlichen Kausalverlaufs
Der konkrete Erfolg sowie der wesentliche Kausalverlauf müssten für K auch subjektiv vorhersehbar gewesen sein. Zwar fuhr K seit mehreren Jahren unfallfrei mit dem Auto und vertraute darauf, dass er keinen Anfall erleidet. Für ihn war es dennoch vorhersehbar, dass er bei einem epileptischen Anfall seine Handlungsfähigkeit verlieren kann und es dabei, sofern sich dies während der Teilnahme am Straßenverkehr ereignet, auch zu Verletzung anderer Verkehrsteilnehmer kommen könnte. Der konkrete Erfolg und der wesentliche Kausalverlauf waren somit für K auch vorhersehbar.

IV. ERGEBNIS
K hat sich wegen fahrlässiger Körperverletzung gemäß § 229 StGB strafbar gemacht, indem er das Fahrzeug in Betrieb nahm.

FALLENDE

TÖTUNGSDELIKTE

A. Einführung

Die verschiedenen Vorsatzdelikte

Die Straftaten gegen das Leben schützen das Rechtsgut **Leben** an sich. Im Rahmen der vorsätzlichen Tötungsdelikte ist der Totschlag, **§ 212 I StGB**, das Grunddelikt. Der Mord, **§ 211 StGB**, enthält demgegenüber qualifizierende – zur lebenslangen Freiheitsstrafe führende – Mordmerkmale. Auf der anderen Seite ist die Tötung auf Verlangen, **§ 216 I StGB**, ein privilegierender Tatbestand, der einen deutlich milderen Strafrahmen als der Totschlag aufweist. Sofern die Voraussetzungen des § 216 I StGB vorliegen, greift der Grundsatz der „Sperrwirkung der Privilegierung", was dazu führt, dass die §§ 212 I und 211 StGB nicht mehr zur Anwendung gelangen.

Verhältnis der §§ 212, 211, 216 StGB

> **MERKSATZ**
> Schon an dieser Stelle sei darauf hingewiesen, dass diese Kernaussagen zwischen BGH und h.L. an sich nicht streitig sind. Bei genauer Betrachtung geht der Streit um die Frage, ob es sich bei § 211 StGB um eine selbstständige (so BGH) oder um eine unselbstständige (so h.L.) Qualifikation handelt. Parallel ist bei § 216 StGB streitig, ob er eine selbstständige (so BGH) oder eine unselbstständige (so h.L.) Privilegierung darstellt.

Die zu zitierende Paragrafenkette

> **KLAUSURHINWEIS**
> Dieser Streit wirkt sich vordergründig zunächst nur auf die zu zitierende Paragrafenkette aus. Wer wie der BGH den Mord als eine eigenständige Qualifikation begreift, der zitiert bloß § 211 StGB. Wer hingegen wie die h.L. im Mord eine unselbstständige Qualifikation erblickt, der zitiert §§ 212 I, 211 StGB.

Die verschiedenen Fahrlässigkeitsdelikte

Bei der fahrlässigen Tötung, **§ 222 StGB**, handelt der Täter hinsichtlich des Todeserfolges nicht vorsätzlich, sondern bloß fahrlässig. Demgegenüber wird bei der Körperverletzung mit Todesfolge, § 227 StGB, bzgl. der Körperverletzung vorsätzlich gehandelt und es besteht ein unmittelbarer Zusammenhang zur (mindestens) fahrlässig herbeigeführten Todesfolge.

Offizialdelikte

Alle Straftaten gegen das Leben sind Offizialdelikte, werden also von Amts wegen verfolgt.

Das von den Tötungsdelikten **geschützte Rechtsgut** ist jedes menschliche Leben ab der Geburt bis zum Tode ohne Rücksicht auf das Vorliegen von Gebrechen oder Krankheiten, Lebensfähigkeit oder „Lebenswert". Weder Art 2 II 1 GG noch die Tötungsdelikte des StGB lassen beim Tatbestand oder bei der Strafbemessung Unterscheidungen zwischen mehr oder weniger schutzwürdigem Leben zu. Ein alter und schwer kranker Mensch mit geringer Lebenserwartung wird vom Strafrecht ebenso geschützt wie ein junger und gesunder Mensch.

Das geschützte Rechtsgut

> **MERKSATZ**
> Andere Rechtsgüter können das Rechtsgut Leben grundsätzlich nicht überwiegen.

Ausnahme: Menschenwürde (Patientenverfügung, Sterbehilfe)

Der Tatbestand des Schwangerschaftsabbruchs, **§ 218 StGB**, schützt das werdende **(ungeborene) Leben** und hat insoweit eine andere Schutzrichtung als die Straftaten gegen das „bereits existierende" Leben. Die Trennungslinie zwischen dem werdenden und dem existierenden Leben wird mit dem Beginn der Eröffnungswehen überschritten.

Verhältnis zu § 218 StGB

ÜBERSICHT ZU TÖTUNGSDELIKTEN					
Verwirklichter Tatbestand	§ 222	§ 222, 223 I, 52	§ 227	§ 212 I oder § 216	§ 211 oder § 216
Mordmerkmale					(+)
Vorsätzl. Tötung				(+)	(+)
Unmittelbarkeitszusammenhang		(-)	(+)		
Fahrlässige Tötung	(+)	(+)	(+)		
Körperverletzung	fahrlässig	vorsätzlich	vorsätzlich	vorsätzlich	vorsätzlich

Konkurrenzen zwischen Tötungs- und Verletzungsdelikten

Der Totschlag und der Mord verdrängen die vorsätzliche Körperverletzung und die Körperverletzung mit Todesfolge. Allerdings tritt die Körperverletzung zum bloß versuchten Tötungsdelikt in Tateinheit, um zu verdeutlichen, dass das Opfer überhaupt verletzt wurde.

Die fahrlässige Tötung verdrängt die fahrlässige Körperverletzung, § 229 StGB. Die vorsätzliche Körperverletzung tritt zur fahrlässigen Tötung in Tateinheit, wird jedoch von der Körperverletzung mit Todesfolge verdrängt.

Die Tatbestandsvoraussetzungen

Der Totschlag ist der „Normalfall" des vorsätzlichen Tötungsverbrechens und ein reines Erfolgsdelikt. In gleicher Weise ist die fahrlässige Tötung der „Normalfall" des fahrlässigen Erfolgsdelikts. Es gelten insoweit die allgemeinen Schemata. Auch für Versuch oder Vollendung, Tun oder Unterlassen, Kausalität, Vorsatz, Rechtswidrigkeit und Schuld gelten die allgemeinen Regeln.

> **KLAUSURHINWEIS**
> Weil die §§ 212 und 229 StGB in ihren Anforderungen so „normal" sind, werden sie regelmäßig herangezogen, um an ihnen grundlegende Probleme des Strafrecht AT zu erklären. Sie werden deshalb auch extrem häufig geprüft, weshalb man hier materiellrechtlich besonders „sattelfest" sein sollte.

B. Der Tatbestand des Totschlags, § 212 I StGB

Die Prüfung des Totschlags ist wie folgt aufzubauen:

PRÜFUNGSSCHEMA

I. Tatbestand
  1. **Objektiver Tatbestand**
     a) **Erfolg: Tod eines anderen Menschen**
     b) **Handlung: Tötung**
     c) **Kausalität**
     d) **Objektive Zurechnung**
  2. **Subjektiver Tatbestand**

II. Rechtswidrigkeit

III. Schuld

I. ERFOLG: TOD EINES ANDEREN MENSCHEN

Als Taterfolg nennt § 212 I StGB den Tod eines Menschen. Das Merkmal „anderer" steht nicht explizit in § 212 I StGB, wird jedoch in einem Erst-Recht-Schluss aus § 223 I StGB auf § 212 I StGB übertragen:

Taterfolg: Tod eines anderen Menschen

> **MERKSATZ**
> Wenn man schon nur einen anderen Menschen verletzen kann, so kann man erst Recht nur einen anderen Menschen töten. Die Körperverletzung ist nämlich das Durchgangsstadium zur Tötung.

Folglich ist der **Selbstmord** straflos, weshalb mangels Haupttat auch die Anstiftung oder Beihilfe zum Selbstmord straflos ist. Für den Fortgeschrittenen stellen sich hier Abgrenzungsfragen:

Wie ist die straflose Beihilfe zum Selbstmord abzugrenzen von der Tötung auf Verlangen, § 216 StGB?

Hierzu z.B. BGHSt 19, 135, 137 ff.

Wann wird der Suizident zum „Werkzeug gegen sich selbst" gemacht mit der Folge, dass der Hintermann wegen mittelbarer Täterschaft, § 25 I 2. Alt. StGB, zu bestrafen ist?

Hierzu z.B. BGHSt 32, 38, 41 f.

II. HANDLUNG: TÖTUNG

Der Totschlag ist als das Töten eines Menschen definiert. Dabei enthält das Wort „tötet" in § 212 I StGB zugleich die Umschreibung von Tathandlung und Taterfolg. Es geht um die zurechenbare Verursachung des Todes durch eine beliebige Handlung des Täters, die dazu geeignet ist, das Leben des Opfers zu beenden. Eine bestimmte Art und Weise der Tatbegehung wird in § 212 I StGB, anders als bei den Mordmerkmalen der zweiten Gruppe in § 211 II StGB, nicht vorausgesetzt. Die Tat kann durch positives Tun oder durch pflichtwidriges Unterlassen von einem Garanten begangen werden. Hierbei können selbst scheinbar marginale Handlungen, wie das Erschrecken eines Herzkranken den tatbestandsmäßigen Erfolg herbeiführen.

III. KAUSALITÄT UND ZURECHNUNG

Für die Bejahung der Kausalität der Tötungshandlung für den Taterfolg genügt im Grundsatz jede Verkürzung des Lebens. Bedeutungslos ist es, wenn der Tod des Opfers auch ohne die Handlung des Täters in kurzer Zeit eingetreten wäre.

Hypothetische Kausalverläufe

Beschleunigende Kausalität

> **MERKSATZ**
> Hypothetische erfolgsverursachende Kausalverläufe sind bedeutungslos. Die Beschleunigung des Todeseintritts ist ausreichend.

BEISPIEL 1: K ist schwer krank und leidet große Qualen. Er hat nach ärztlicher Ansicht nur noch wenige Stunden zu leben. Als sein Sohn S dessen Leiden nicht mehr erträgt, erstickt er seinen Vater K mit einem Kissen.

S hat den Tatbestand des § 212 I StGB verwirklicht.

Schmerztherapie

BEISPIEL 2: In Beispiel 1 gibt Arzt A dem K ein extrem starkes Morphium-Schmerzmittel. Dieses verringert die Schmerzen des K auf ein erträgliches Maß, jedoch stirbt er durch die Medikamentierung eine Stunde früher, als er sonst gestorben wäre.

Palliativmedizin

Reine Palliativmedizin, also Schmerzmedikation auch um einer Verkürzung der absoluten Lebensdauer willen, ist nach einer Ansicht schon auf der Tatbestandsebene vom Normzweck ausgeschlossen. Nach anderer Ansicht greift jedenfalls der Rechtfertigungsgrund der (mutmaßlichen) Einwilligung. Dagegen erfüllt die unmittelbar auf Herbeiführung des Todes gerichtete Handlung auch in Fällen so genannter aktiver Sterbehilfe den Tatbestand des Totschlags.

Hierzu z.B. BGH, NStZ 2010, 630; 2011, 274

Das Problem des Behandlungsabbruchs aufgrund einer Patientenverfügung oder eines auf sonstige Weise ermittelten Patientenwillens, ist dem Fortgeschrittenen vorbehalten.

Alle weiteren Problemfälle aus dem Bereich von Kausalität und Zurechnung werden im JI-Pocket Strafrecht AT dargestellt.

IV. VORSATZ

Tötungsvorsatz setzt voraus, dass der Täter die für die Tatbestandserfüllung wesentlichen Umstände, die zur Tötung eines anderen Menschen gehören, kennt und den tatbestandsmäßigen Erfolg herbeiführen will. Er muss also die Eigenschaft des Tatopfers als Mensch erkennen, seine eigene Handlung als zur Tötung geeignetes Verhalten erfassen und den Tötungserfolg in sein Wissen und Wollen aufnehmen. Der zum Tod des Opfers führende Kausalverlauf muss dabei nur in den wesentlichen Teilen, nicht aber in allen Einzelheiten, vom Vorsatz zur Tötung erfasst werden.
In Fällen des pflichtwidrigen Unterlassens muss vom Garanten die

TÖTUNGSDELIKTE

Möglichkeit zur Verhinderung des Todes ebenso erkannt werden wie die Umstände, die seine Garantenstellung begründen. Unwesentliche Abweichungen des Geschehensablaufs von der Tätervorstellung hindern die Erfüllung des subjektiven Tatbestands nicht.

Einzelheiten zu den verschiedenen Vorsatzformen finden Sie im JI-Pocket Strafrecht AT.

Speziell zur Abgrenzung von Tötungsvorsatz zur **bewussten Fahrlässigkeit** sei aber auf das Folgende besonders hingewiesen:

Bei Tötungsdelikten geht der BGH davon aus, dass vor der Tötung eines Menschen eine besonders hohe **„Hemmschwelle"** bestehe, die der Täter überwunden haben müsse.

Dies bedeutet aber nicht, dass der Tötungsvorsatz anderen inhaltlichen Vorgaben folgt als der Vorsatz bei anderen Delikten. Das Gericht hat lediglich (schon wegen des hohen Strafrahmens) die entsprechenden Voraussetzungen besonders sorgfältig zu prüfen.

> **KLAUSURHINWEIS**
> Für die Klausur bedeutet dies, dass Sie sorgfältig den Sachverhalt auswerten müssen. Die Arbeit am Sachverhalt ist wichtiger als die abstrakte Darstellung von zig Mindermeinungen.

So auch Kudlich, JuS 2013, 152, 153

Bei äußerst gefährlichen und brutalen Gewalthandlungen wird in der Regel kein ernsthaftes Vertrauen, dass das Opfer überleben werde, mehr vorliegen.

> **MERKSATZ**
> Stellt sich das „Vertrauen" des Täters in den Nichteintritt des Erfolges als bloßes „Gottvertrauen" dar, liegt Vorsatz vor.

BEISPIEL: Der Täter springt dem am Boden liegenden Opfer mehrfach mit seinem Springerstiefeln auf den Kopf.

C. Der Tatbestand des Mordes, § 211 StGB

I. GRUNDLAGEN

§ 211 II StGB setzt voraus, dass der Täter einen Menschen tötet; die Mordmerkmale kommen dann erschwerend hinzu. Der Ausgangstatbestand der vorsätzlichen Tötung entspricht § 212 I StGB, welcher nach h.L. auch den Grundtatbestand bildet und zu § 211 StGB eine Qualifikation darstellt. Die Rechtsprechung dagegen sieht im Mord bisher einen selbstständigen Tatbestand, der „nur" hinsichtlich der vorsätzlichen Tötung eines anderen Menschen dieselben Merkmale umfasst, ansonsten aber mit den Mordmerkmalen strafbegründende Tatbestandselemente enthalte.

Der Mordtatbestand enthält in § 211 II 2. Gruppe StGB die objektiven und in der 1. und 3. Gruppe die subjektiven Mordmerkmale.

Vor diesem Hintergrund gibt es im Grundsatz zwei Möglichkeiten, eine Mord-Prüfung aufzubauen.

Mord, § 211 StGB, 1. Möglichkeit

PRÜFUNGSSCHEMA

I. Tatbestand
  1. Objektiver Tatbestand
    a) Tötung eines anderen Menschen
    b) Mordmerkmale der 2. Gruppe
  2. Subjektiver Tatbestand
    a) Vorsatz bzgl. 1.
    b) Mordmerkmale der 1. und 3. Gruppe
II. Rechtswidrigkeit
III. Schuld

KLAUSURHINWEIS
Dieser Aufbau prüft zunächst alle objektiven Merkmale, dann alle subjektiven. Innerhalb dessen werden jeweils zunächst die Voraussetzungen des Totschlags und dann die Mordmerkmale geprüft.

Mord, § 211 StGB, 2. Möglichkeit

PRÜFUNGSSCHEMA

I. Tatbestand
  1. Tatbestand Grunddelikt, § 212 I StGB
     a) Tötung eines anderen Menschen
     b) Vorsatz
  2. Tatbestand Qualifikation, § 211 II StGB
     a) Mordmerkmale der 2. Gruppe
     b) Vorsatz bzgl. 2. a)
     c) Mordmerkmale der 1. und 3. Gruppe
II. Rechtswidrigkeit
III. Schuld

KLAUSURHINWEIS
Dieser Aufbau trennt strikt zwischen Grunddelikt und Qualifikation. Er ist generell „einfacher", weil der Prüfling die Tatbestände nacheinander abarbeiten kann. Die Prüfung nach der 1. Möglichkeit führt dazu, dass man in der Klausur leichter den Überblick verliert. Richtig sind natürlich beide Vorgehensweisen.

II. DIE MORDMERKMALE

1. Restriktive Auslegung
Da der Tatbestand des Mordes dem Gericht keinen Strafrahmen zur Verfügung stellt, sondern zwingend die **lebenslange Freiheitsstrafe** androht, entspricht es allgemeiner Ansicht, dass die Mordmerkmale restriktiv auszulegen sind.

Der Verhältnismäßigkeitsgrundsatz, der auch für die im Strafrecht verhängten Rechtsfolgen gilt, gebietet nach einer Ansicht eine zusätzliche Prüfung der besonderen Verwerflichkeit der Tat anhand der Gesamtumstände des Einzelfalles (sog. **„Typenkorrektur"**). Ein anderer Teil der Lehre will speziell im Fall der Heimtücke ergänzend durch die Prüfung, ob im konkreten Fall ein besonders verwerflicher Vertrauensbruch vorliegt, den Mord vom Totschlag unterscheiden.

Der BGH lehnt diese Ansätze ab. Einerseits, weil ihm das Verwerflichkeitskriterium zu unpräzise erscheint, um den Anforderungen an die

Bestimmtheit des Tatbestands gem. Art 103 II GG zu genügen, und andererseits, weil das Kriterium des besonderes schweren Vertrauensbruchs bei der Heimtücke insbesondere zu Unrecht den tückisch handelnden Auftragsmörder und den „Meuchelmörder", der das Opfer vorher nicht kennen gelernt hatte, privilegiere.

2. Objektive Mordmerkmale, 2. Gruppe

a) Heimtücke

SACHVERHALT

FALL 5: DER HAUSTYRANN
Problemschwerpunkt: Restriktive Auslegung: Heimtücke

Die guten Zeiten in der Ehe von G und M sind lange vorbei. Eigentlich führten sie eine harmonische Ehe, nachdem M jedoch vor einigen Jahren arbeitslos geworden ist, ist dieser immer frustrierter und reagiert sich zunehmend an seiner Frau und der gemeinsamen Tochter ab. In letzter Zeit häuften sich die Beleidigungen und tätlichen Übergriffe des M, wodurch G an die Grenzen ihrer psychischen und physischen Belastbarkeit geriet. Immer wieder erlitt sie Platzwunden und Prellungen. Den Gang ins „Frauenhaus" oder die Einschaltung der Polizei scheute sie, weil sie das Scheitern ihrer Beziehung nicht öffentlich eingestehen wollte. Auch hatte sie die berechtigte Befürchtung, M würde sie gewalttätig zurückholen und sie dann zur Rechenschaft ziehen. G denkt deshalb immer öfter darüber nach, M zu töten, um der Unerträglichkeit der Situation ein Ende zu setzen. Als M am Tattag nach Hause kam, stritt er erneut mit G. Er beschimpfte und bespuckte sie und schlug ihr mehrfach ins Gesicht, sodass sie aus Mund und Nase blutete. Anschließend ging er zu Bett. G entschloss sich eine Stunde später, die Gelegenheit zu nutzen und M notgedrungen zu töten, um sich und ihre Tochter künftig vor seinen Schlägen zu schützen. G stach mit einem Messer auf den schlafenden M ein. M erlitt tödliche Verletzungen.

Strafbarkeit der G?

Mord, §§ 212 I, 211 StGB

LÖSUNG

PRÜFUNGSSCHEMA

I. Tatbestand
  1. Objektiver Tatbestand
    a) Tötung eines Menschen
    b) Mordmerkmale der 2. Gruppe
  2. Subjektiver Tatbestand
    a) Vorsatz bzgl. 1
    b) Mordmerkmale der 1. und 3. Gruppe
II. Rechtswidrigkeit
III. Schuld

Hier wird die o.g. 1. Aufbau-Möglichkeit gewählt.

A. Strafbarkeit der G gem. §§ 212 I, 211 II Gr. 2 Var. 1, Gr. 1 Var. 4 StGB

G könnte sich wegen Mordes gemäß §§ 212, 211 II Gr. 2 Var. 1, Gr. 1 Var. 4 StGB strafbar gemacht haben, indem sie den schlafenden M erstach.

KLAUSURHINWEIS

In der hier verwendeten Paragraphenkette wird gewissermaßen eine Entscheidung des Streits, ob es sich bei § 211 StGB um einen eigenständigen Tatbestand oder eine Qualifikation handelt, vorweggenommen. Wenn Sie jedoch § 212 StGB nicht mitzitieren, tun Sie dies ebenfalls.

Achten Sie jedoch darauf, dass die von Ihnen verwendete Paragraphenkette mit Ihrem Ergebnis übereinstimmt, sofern Sie diesen Streit entscheiden müssen.

I. TATBESTAND

1. Objektiver Tatbestand

a) Tötung eines Menschen
Durch das Zustechen mit dem Messer erlitt M tödliche Verletzungen, sodass G durch ihre Handlung einen Menschen getötet hat.

b) Heimtücke
M könnte heimtückisch gehandelt haben.

> **DEFINITION**
> **Heimtückisch** tötet, wer die Arglosigkeit und die gerade infolge der Arglosigkeit vorhandene Wehrlosigkeit des Angegriffenen bewusst zur Begehung der Tat ausnutzt und dabei in feindlicher Willensrichtung handelt.

aa) Arglosigkeit eines Schlafenden

Fraglich ist, ob M im Zeitpunkt des Schlafes zum Argwohn fähig war.

BGH, NStZ 2007, 700

> **DEFINITION**
> **Arglos** ist, wer sich zur Zeit des Beginns der Tötungshandlung keines Angriffs von Seiten des Täters versieht.

Zwar versah sich M zum Beginn der Tötungshandlung keinen Angriff seitens der G, dies war jedoch dem Umstand geschuldet, dass er schlief. Ob Schlafende die Fähigkeit zum Argwohn haben, wird unterschiedlich beurteilt.

Teilweise wird Schlafenden die Fähigkeit zum Argwohn gänzlich abgesprochen. Diese könnten – ebenso wie Bewusstlose – das Tatgeschehen nicht wahrnehmen.
Diese Auffassung verkennt jedoch, dass sich Bewusstlose nicht willensgetragen für ihr bewusstlos werden entscheiden, während sich Schlafende bewusst zur Ruhe legen, um zu schlafen.

Folglich ist dieser Fall anders zu bewerten. Wird das Opfer nicht vom Schlaf übermannt sondern legt sich bewusst schlafen, bleibt die Arglosigkeit, sofern sich das Opfer während des Einschlafens keines drohenden Angriffs versah, auch im Zustand des Schlafens erhalten. Das Opfer nimmt seine Arglosigkeit sozusagen „mit in den Schlaf".
M versah sich während des Einschlafens keines drohenden Angriffs. Somit war er, der letztgenannten Auffassung folgend, auch im Zeitpunkt des Schlafes zum Argwohn fähig. M war zu Beginn des Angriffs arglos.

„Chantage"

bb) Normativierung des Argwohns

Des Weiteren ist fraglich, ob eine Normativierung des Argwohns dahingehend stattfindet, dass die Arglosigkeit bereits durch ein bestehendes feindseliges Verhalten zwischen Täter und Opfer ausgeschlossen sein kann.

So könnte parallel zu den Fällen der Notwehr gegen einen Schutzgelderpresser, in denen dem Erpressenden normativ unterstellt wird, er müsse mit der Ausübung des Notwehrrechts durch das Erpressungsopfer gegen ihn rechnen und könnte daher nicht arglos sein, auch hier an eine Normativierung der Betrachtung gedacht werden.

Gegen eine Übertragung spricht zunächst, dass diese Grundsätze auf das Bemühen gestützt werden, einen Wertungsgleichklang zwischen dem Heimtückemerkmal und dem Notwehrrecht herbeizuführen. Ob ein Notwehrrecht der G besteht, ist überaus fragwürdig. Zudem wäre bei Ausweitung der normativen Betrachtung eine massive Rechtsunsicherheit zu befürchten, sodass hier von einer Arglosigkeit des M ausgegangen werden kann.

> Ob ein Notwehrrecht der G besteht, ist erst an späterer Stelle des Gutachtens zu erörtern.

cc) Wehrlosigkeit
Weiterhin müsste G die Wehrlosigkeit des M ausgenutzt haben.

> **DEFINITION**
> Die **Wehrlosigkeit** resultiert beim Heimtückemord aus der gerade aufgrund von Arglosigkeit eingeschränkten oder ausgeschlossenen Verteidigungsmöglichkeit.

Während der Tathandlung hatte der M aufgrund seiner Arglosigkeit keinerlei Verteidigungsmöglichkeiten. M war somit wehrlos.

Zudem nutzte G die Arg- und Wehrlosigkeit des M in feindlicher Willensrichtung bewusst aus.

> **MERKSATZ**
> Der Täter handelt nicht in feindlicher Willensrichtung, wenn er „zum vermeintlich Besten des Opfers handelt", so z.B. bei Mitleidstötung oder „Mitnahmesuizid".

dd) Restriktion des Heimtücke-Merkmals
Da der Tatbestand des Mordes dem Gericht keinen Strafrahmen zur Verfügung stellt, sondern zwingend die lebenslange Freiheitsstrafe androht, sind Mordmerkmale restriktiv auszulegen. Anders kann eine tat- und schuldangemessene Rechtsfolge, die § 46 I 1 StGB fordert, nicht sichergestellt werden.

> Problemaufriss

Besonders massiv stellt sich dieses Problem beim Mordmerkmal der Heimtücke, da nach den bisher behandelten Grunddefinitionen droht, dass jede „plötzliche" Tötung gleichzeitig eine heimtückische Tötung darstellt. Damit würde der Heimtücke-Mord zum Regelfall der vorsätzlichen Tötungsdelikte, was der Notwendigkeit einer restriktiven Auslegung gerade widerspricht. Fraglich ist vor allem, wie diese restriktive Auslegung bei der Heimtücke zu erfolgen hat.

Vertrauensbruch

Einer Auffassung nach wird zur Einschränkung des Heimtückemerkmals das Vorliegen eines besonders verwerflichen Vertrauensbruchs zwischen Täter und Opfer verlangt (sog. **Lehre vom verwerflichen Vertrauensbruch**). Ein solches Vertrauen ergibt sich im vorliegenden Fall bereits aus der ehelichen Beziehung zwischen G und M - unabhängig vom negativen Verhalten des M in jüngster Zeit. Dieses hat G auch in besonders verwerflicher Weise gebrochen. Dieser Auffassung nach läge das Merkmal der Heimtücke trotz Restriktion vor.

Rechtsfolgenlösung

Demgegenüber sieht eine andere Auffassung keine Notwendigkeit für weitere Restriktionen auf Tatbestandsebene. Im Gegensatz dazu soll auf Rechtsfolgenseite eine Milderung analog § 49 I Nr. 1 StGB erfolgen, wenn die Verhängung der lebenslangen Freiheitsstrafe völlig schuldunangemessen erscheint (sog. **Rechtsfolgenlösung**). Auch dieser Auffassung nach ist das Merkmal der Heimtücke im vorliegenden Fall erfüllt, eine Stellungnahme ist mithin nicht erforderlich.

> **MERKSATZ**
> Der Streit wird an späterer Stelle des Gutachtens noch relevant, sodass dort eine Gegenüberstellung der Argumente im Rahmen einer Stellungnahme erfolgt.

2. Subjektiver Tatbestand

a) Vorsatz bezüglich des objektiven Tatbestands
G handelte in Kenntnis aller Tatumstände, sowie mit dem Willen zur Tatbestandsverwirklichung, also vorsätzlich.

b) Mordmerkmal der 1. Gruppe
Zudem könnte G aus niederem Beweggrund gehandelt und somit ein Mord-Merkmal der 1. Gruppe verwirklicht haben.

> **DEFINITION**
> **Beweggründe** sind **niedrig**, wenn sie nach allgemeiner sittlicher Wertung auf tiefster Stufe stehen und deshalb besonders verachtenswert sind.

Niedrige Beweggründe

Bei der Feststellung, ob ein niederer Beweggrund vorliegt, können die Planung der Tat sowie die Art des Motivs als Indizien herangezogen werden. Hatte der Täter seine Tat geplant und hatte er dabei ein unverständiges Motiv, so ist ein niederer Beweggrund in der Regel anzunehmen. Wurde der Täter hingegen spontan zur Tat hingerissen und handelte aus – mehr oder minder – verständigem Motiv, so ist das Vorliegen eines niederen Beweggrundes eher abzulehnen. Für die Annahme eines niederen Beweggrundes spricht, dass sich G schon länger mit dem Gedanken trug, M zu töten. Jedoch hatte sie ihre Gedanken nie konkretisiert und wurde vielmehr durch die erneuten Ausschreitungen des M letztlich zur Tat hingerissen. Diesen letztendlichen Entschluss zur Tötung des M hatte sie daher spontan gefasst. Auch war G der Meinung, sich und ihrer Tochter nicht anders helfen zu können und handelte letztlich zu ihrem Schutz und zum Wohle des Kindes. Das Motiv der G war somit eher verständig, sodass die Annahme eines niederen Beweggrundes hier ausscheidet.

> **MERKSATZ**
> Für die Annahme eines niederen Beweggrundes ist stets eine Prüfung im Einzelfall erforderlich. Eine pauschale Bejahung bei bestimmten Motiven, wie z.B. Eifersucht, ist nicht möglich.

II. RECHTSWIDRIGKEIT

G müsste rechtswidrig gehandelt haben. Möglicherweise war sie jedoch durch einen Rechtfertigungsgrund gerechtfertigt.

1. Notwehr, § 32 I StGB

M schlief zum Zeitpunkt der Tat, sein Angriff auf die körperliche Unversehrtheit der G war zu diesem Zeitpunkt bereits beendet. Folglich scheitert der Rechtfertigungsgrund der Notwehr gem. § 32 I StGB bereits an der Gegenwärtigkeit des Angriffs.

Kein gegenwärtiger Angriff

2. Rechtfertigender Notstand, § 34 StGB

a) Notstandslage

Dauergefahr

Zunächst müsste eine gegenwärtige Gefahr für ein geschütztes Rechtsgut bestanden haben. Zwar war zum Tatzeitpunkt vom schlafenden M kein Angriff zu erwarten, jedoch bestand gerade im Hinblick auf die Vergangenheit über einen längeren Zeitraum hinweg die Gefahr, dass G von M in nächster Zeit erneut angegriffen wird. Eine solche Dauergefahr ist gegenwärtig, wenn sie dringend ist, also alsbald in eine Rechtsgutsbeeinträchtigung umschlagen kann, auch wenn die Beeinträchtigung möglicherweise noch eine Weile auf sich warten lässt. G befand sich aufgrund der in letzter Zeit häufiger vorkommenden Beleidigungen und tätlichen Übergriffe des M ihr gegenüber in einer permanenten Gefahrenlage, die jederzeit, beispielsweise bei Erwachen des M, in eine erneute Rechtsgutsbeeinträchtigung hätte umschlagen können. Eine gegenwärtige Gefahr ist somit gegeben.

b) Notstandshandlung

Die Handlung müsste zunächst erforderlich gewesen sein. Dies ist der Fall, wenn sie geeignet und zugleich das relativ mildeste unter mehreren gleich geeigneten Mitteln war. Zweifelsohne war die Handlung der G geeignet, die Gefahrenquelle zu beseitigen. Jedoch standen der G, trotz ihrer Angst vor Rache und dem öffentlichen Bekanntwerden ihrer gescheiterten Ehe, mit einem Gang ins Frauenhaus oder einer Anzeige mit Wohnungsverweis des M mehrere relativ mildere Alternativen zur Verfügung. Zudem ist das Rechtsgut Leben einer Güterabwägung nicht zugänglich. Die Handlung war somit nicht erforderlich.

G war auch nicht durch rechtfertigenden Notstand gemäß § 34 StGB gerechtfertigt, mithin handelte sie rechtswidrig.

III. SCHULD

Weiterhin müsste G schuldhaft gehandelt haben.

1. Schuldfähigkeit

Im gegebenen Fall ist wohl noch nicht von einer tiefgreifenden Bewusstseinsstörung der G auszugehen. G ist somit mangels anderer Anzeichen schuldfähig.

2. Entschuldigender Notstand, § 35 I StGB
Die Gefahr war, wie bereits vorstehend gezeigt, anders abwendbar, sodass ein entschuldigender Notstand gemäß § 35 I StGB nicht in Betracht kommt.

> **MERKSATZ**
> Der entschuldigende Notstand gemäß § 35 I StGB ist vor allem deswegen wichtig, da er – im Gegensatz zum rechtfertigenden Notstand gemäß § 34 StGB – eine Abwägung „Leben gegen Leben" zulässt.

3. Irrtum über einen Notstandsgrund, § 35 II StGB
G war sich milderer Alternativen, wie dem Gang ins Frauenhaus und der Möglichkeit einer Anzeige, bewusst, sodass kein Irrtum gegeben war.

G handelte mithin auch schuldhaft.

IV. STRAFZUMESSUNG
Würde man sich zur Restriktion des Mordmerkmals der Heimtücke für die sog. Rechtsfolgenlösung entscheiden, könnte eine analoge Anwendung von § 49 I Nr. 1 StGB angemessen sein. Dies wäre bei einer notstandsnahen, durch eine ausweglos erscheinende Situation motivierten und in großer Verzweiflung begangenen Tat, die aus tiefem Mitleid oder aus „gerechtem Zorn" aufgrund einer schweren Provokation verübt wurde, der Fall. Insbesondere ein vom Opfer verursachter und ständig neu angefachter, zermürbender Konflikt oder eine schwere Kränkung des Täters, die dessen Gemüt immer wieder heftig bewegen, können Umstände begründen, in denen eine Verhängung der lebenslangen Freiheitsstrafe nicht verhältnismäßig erscheint. Im gegebenen Fall sah sich G einer gegenwärtigen Dauergefahr ausgesetzt, sodass ihre Tat einer Notstandshandlung sehr nahe kommt. Sie und ihre Tochter waren gerade in jüngster Vergangenheit häufig und wiederholt Beleidigungen und tätlichen Übergriffen des M ausgesetzt, eine Besserung der Situation war nicht in Sicht. Auch handelte G aus einem eher verständigen Motiv, sodass gegen eine Gleichstellung mit beispielsweise einem Auftragskiller durch Verhängung einer lebenslangen Freiheitsstrafe erhebliche Bedenken bestehen. Der Rechtsfolgenlösung nach würde die Strafe der G analog § 49 I Nr. 1 StGB gemildert werden.

Zulässige Analogie zugunsten des Täters.

> **MERKSATZ**
> Die analoge Anwendung von § 49 I Nr. 1 StGB ist eine absolute Ausnahme und somit der „letzte Ausweg", weshalb alle anderen Möglichkeiten der Strafmilderung vorher geprüft werden müssen (z.B. Irrtum gemäß § 35 II StGB).

Folglich ist entscheidend, ob der im objektiven Tatbestand dargestellten Lehre vom verwerflichen Vertrauensbruch gefolgt wird, oder der Rechtsfolgenlösung entsprechend eine Restriktion im Rahmen der Strafzumessung stattfindet.

Zwar betont das Erfordernis eines Vertrauensbruchs das tückische Element des Merkmals der Heimtücke, jedoch würden dadurch die klassischen Fälle des „Meuchelmordes" und des Auftragskillers aus dem Tatbestand des Mordes herausfallen. Somit würde das Mordmerkmal der Heimtücke „in die Familie" getragen.

Zwar hat der Gesetzgeber eine – wie von der Rechtsfolgenlösung in Betracht gezogene – Milderungsmöglichkeit beim Mord gerade nicht vorgesehen. Jedoch kann entscheidend dafür angeführt werden, dass gerade dadurch eine einzelfallbezogene Lösung möglich ist, wohingegen Lösungen auf Tatbestandsebene immer nur einzelne Aspekte betonen, aber keine Lösung für die Vielgestaltigkeit des Lebens bieten.

Die besseren Argumente sprechen mithin für die Rechtsfolgenlösung, sodass die Strafe der G hier gemäß § 49 I Nr. 1 StGB zu mildern wäre.

V. ERGEBNIS

FALLENDE

G hat sich wegen Mordes gemäß §§ 212 I, 211 II Gr. 2 Var. 1 StGB strafbar gemacht, die Strafe wird analog § 49 I Nr. 1 StGB gemildert.

b) Grausamkeit

Definition: Grausamkeit

> **DEFINITION**
> **Grausam** tötet, wer dem Opfer vorsätzlich und aus gefühlloser, unbarmherziger Gesinnung besonders starke Schmerzen oder Qualen körperlicher oder seelischer Art zufügt, die nach Stärke oder Dauer über das für die Tötung erforderliche Maß hinausgehen.

Erforderlich ist nach der Rechtsprechung, dass die als grausam zu bewertenden Umstände Bestandteile des Tatgeschehens sind, das als Töten beschrieben wird. Vorbereitende Quälereien können danach nur dann zur

grausamen Tötung führen, wenn der Täter dabei bereits mit dem Willen handelt zu töten.
Ein Mord durch grausame Tötung kann auch als unechtes **Unterlassungsdelikt** begangen werden.

Unterlassungsdelikt

BEISPIEL 1: T sperrt O in ein Kellerverlies und lässt ihn dort verhungern und verdursten.

Das subjektive Moment des Mordmerkmals wird nicht dadurch ausgeschlossen, dass der Täter neben einer gefühllosen Gesinnung zugleich aus weiteren Motiven tötet, die das Gesetz wegen ihrer besonderen Verwerflichkeit zu Mordmerkmalen erhebt, wie die Verdeckungsabsicht und die sonstigen niedrigen Beweggründe. Auch der nur bedingte Tötungsvorsatz hindert nicht die Annahme von Grausamkeit.

Subjektive Voraussetzungen

BEISPIEL 2: T foltert seinen Feind F. Hierbei nimmt er in Kauf, dass er das Martyrium nicht überlebt.

c) Gemeingefährliche Mittel

> **DEFINITION**
> Mit **gemeingefährlichen Mitteln** tötet, wer ein Mittel zur Tötung einsetzt, das in der konkreten Tatsituation typischerweise eine Mehrzahl von Menschen (wohl ab drei Personen) an Leib oder Leben gefährden kann, weil der Täter die Ausdehnung der Gefahr nicht in seiner Gewalt hat.

Definition: Gemeingefährliches Mittel

Der Einsatz abstrakt gemeingefährlicher Mittel, wie Maschinenwaffen, Sprengstoffe, Brandstoffe, Giftgase und anderes mehr, erfüllt regelmäßig das Mordmerkmal, wenn das Einsatzrisiko zumindest potenziell eine Mehrzahl von Personen betreffen kann und keine besonderen Vorkehrungen zur Begrenzung der Wirkung getroffen werden, die das Risiko begrenzt und beherrschbar erscheinen lassen.

Einsatz abstrakt gemeingefährlicher Mittel

Das Mordmerkmal kann jedoch auch erfüllt sein, wenn ein seiner Natur nach allgemein nicht gemeingefährliches Werkzeug in einer Weise eingesetzt wird, die eine Vielzahl von Personen gefährdet, ohne dass der Täter dieses konkrete Risiko beherrscht.

Einsatz von nicht gemeingefährlichen Mitteln

BEISPIELE: Amokfahrt eines Täters, der mit dem Auto in eine Menschenansammlung hinein fährt, die vorsätzliche Fahrt als „Geisterfahrer" in Selbstmordabsicht.

Autobahnbrücke

Der gezielte Wurf eines Gegenstands (Holzklotzfall) von einer Autobahnbrücke auf ein Fahrzeug in der Erwartung, nur dieses Fahrzeug werde getroffen, muss andererseits kein Mord mit gemeingefährlichen Mitteln sein.

Schuss in Menschenmenge

Auch beim Schuss in die Menschenmenge liegt das Mordmerkmal in der Regel nicht vor, da der eine Schuss in der Regel nur eine Person trifft.

Unterlassen

Das Mordmerkmal greift nicht ein, wenn der Täter eine bereits vorhandene gemeingefährliche Situation nur zur Tat ausnutzt. Deshalb scheidet meist auch ein Mord **durch Unterlassen** aus, weil der BGH das „Einsetzen" gemeingefährlicher Mittel durch aktives Handeln verlangt.

3) Subjektive Mordmerkmale, 1. und 3. Gruppe

a) Mordlust

Definition: Mordlust

> **DEFINITION**
> Aus **Mordlust** tötet derjenige, bei dem der Tod des Opfers als solcher der einzige Zweck der Tat ist, der Täter also allein aus Freude an der Vernichtung eines Menschenlebens oder aus Langeweile, Angeberei, zur nervlichen Stimulans oder zum Vergnügen handelt.

Mord aus Mordlust setzt direkten Vorsatz voraus. Liegt ein bloßer Eventualvorsatz zur Tötung vor, scheidet das Mordmerkmal aus.

b) Geschlechtstriebsbefriedigung

Definition: Geschlechtstriebsbefriedigung

> **DEFINITION**
> Zur **Befriedigung des Geschlechtstriebs** tötet, wer das Töten unmittelbar oder mittelbar als ein Mittel zur geschlechtlichen Befriedigung benutzt, wer also im Augenblick des Entschlusses zur Tötung und bei der Tötungshandlung von sexuellen Motiven geleitet ist.

Insoweit sind im Wesentlichen vier Fallgruppen anerkannt:
- Lustmord, bei dem der Täter in der Tötungshandlung selbst sexuelle Befriedigung sucht,

TÖTUNGSDELIKTE

- Mord zum geschlechtlichen Missbrauch des Opfers,
- sexuelle Befriedigung in nekrophiler Art erst an der Leiche oder
- sexuelle Befriedigung an Videoaufzeichnungen vom Tötungsakt (Kannibale von Rothenburg).

c) Habgier

> **DEFINITION**
>
> **Habgier** ist rücksichtsloses Gewinnstreben um jeden Preis; auch um den Preis eines Menschenlebens.

Definition: Habgier

Nach h.M. macht es keinen Unterschied, ob der Täter einen Vermögenszuwachs anstrebt oder einen Vermögensverlust verhindern will.

Welchen Wert der erstrebte Vorteil hat, spielt keine Rolle. Geld und Leben können nicht gegeneinander aufgerechnet werden, sodass die Herstellung von Wertrelationen ausscheidet. Nur dann, wenn der erstrebte Gegenstand gar keinen Vermögenswert besitzt, ist die Grenze des Anwendungsbereichs für das Mordmerkmal erreicht.

d) Niedrige Beweggründe

> **DEFINITION**
>
> **Beweggründe** sind **niedrig**, wenn sie nach allgemeiner sittlicher Wertung auf tiefster Stufe stehen und deshalb besonders verachtenswert sind.

Definition: Niedrige Beweggründe

Ein typischer Fehler in der Klausur liegt darin, dass der Prüfling bei bestimmten Motiven quasi „automatisch" von einem niedrigen Beweggrund ausgeht. So z.B. bei Eifersucht oder Rache.

> **KLAUSURHINWEIS**
>
> In der Klausur muss deshalb stets eine am Einzelfall orientierte Subsumtion erfolgen. Hierbei kann man sich zwei Argumentationsmuster nutzbar machen, zu denen jeder Sachverhalt Informationen enthält:
>
> War die Tat spontan oder geplant?
> Hatte der Täter ein „verständiges" Motiv?

Argumentation am Einzelfall

Ist der Täter aus einem „verständigen" Motiv spontan zur Tat hingerissen, scheidet der niedrige Beweggrund i.d.R. aus.

BEISPIEL 1: Nach – wie er meint – langen Jahren einer glücklichen Beziehung, erfährt T, dass er seit Jahren einen Nebenbuhler hat. In tiefer Enttäuschung und Trauer trifft er zufällig auf seinen Nebenbuhler, der ihn als „altertümlichen Monogamie-Spießer" verhöhnt. T tötet in einem Anfall von rasender Eifersucht seinen Nebenbuhler.

T wurde spontan zur Tat hingerissen. Weiterhin hat er nach jahrelanger Beziehung und der großen Enttäuschung ein „verständiges" Motiv, handelt also nicht aus hemmungsloser Eigensucht. Daher erfolgte die Tötung des Nebenbuhlers nicht aus niedrigen Beweggründen.

BEISPIEL 2: Die Liebesavancen des T werden von S nicht erwidert. Weil er S auch niemand anderem gönnt, wird S von T getötet.

Hier liegt der niedrige Beweggrund der Eifersucht vor, weil die Tat von hemmungsloser Eigensucht gekennzeichnet ist.

e) Verdeckungsabsicht

Definition: Verdeckungsabsicht

> **DEFINITION**
> Mit **Verdeckungsabsicht** tötet, wem es darauf ankommt, durch die Tötung entweder die Aufdeckung der Vortat in einem die Strafverfolgung sicherstellenden Umfang oder die Aufdeckung seiner Täterschaft zu verbergen.

Achten Sie hier auf den richtigen Prüfungsmaßstab:

> **KLAUSURHINWEIS**
> Die **Verdeckungsabsicht** ist ein subjektives Mordmerkmal und als solches stets aus der Sicht der Täters (auf der Basis seiner Vorstellungen) zu beurteilen.

BEISPIEL 1: Obwohl von der Staatsanwaltschaft längst alle Beweise gesichert sind und der Angeklagte vor Gericht bereits gestanden hat, tötet die Mutter M des Angeklagten einen wichtigen Belastungszeugen nach dessen Aussage im Gerichtsflur. Dabei handelt sie, um den Schuldspruch gegen ihren Sohn zu verhindern.

Auch wenn M das Ziel der Strafvereitelung objektiv gar nicht mehr erreichen kann, liegt bei ihr dennoch subjektiv das Mordmerkmal der Verdeckungsabsicht vor.
Wenn der Täter sich ausschließlich der Festnahme entziehen will, scheidet eine Verdeckungsabsicht jedoch aus.

> **MERKSATZ**
> Der Täter kann nicht diejenige Tat verdecken oder ermöglichen, die er gerade begeht.

Nötig ist eine **„andere"** Tat

Folglich handelt derjenige Täter, der aus Mordlust tötet, nicht auch zur Verdeckung einer „anderen" Tat. Ebenso ist der sog. **„Raubmord"** nicht in Ermöglichungsabsicht begangen, da die Tötung des Opfers die (schlimmste Form der) Gewaltanwendung im Rahmen des Raubes darstellt. Der Raub ist aber keine „andere" Tat, sondern diejenige, welcher der Täter gerade begeht. Ein unmittelbarer zeitlicher Zusammenhang mit der Vortat steht der Verdeckungsabsicht jedoch nicht entgegen. Die Vortat muss keine selbstständige prozessuale Tat i.S.v. § 264 StPO darstellen und mit der Tötung auch nicht in Tatmehrheit, § 53 StGB, stehen.

Die „andere Straftat" kann auch die Straftat einer anderen Person sein.

Ein **Standard-Problem** ist die Frage, ob die Verdeckungsabsicht auch eine Tötungsabsicht voraussetzt.
Die Annahme von Verdeckungsabsicht kommt grundsätzlich auch dann in Betracht, wenn der Tod des Opfers nicht mit direktem Vorsatz angestrebt, sondern nur bedingt vorsätzlich in Kauf genommen wird, wenn nicht im Einzelfall der Tod des Opfers sich als zwingend notwendige Voraussetzung einer Verdeckung darstellt.

Problem: Bloßer Eventualtötungsvorsatz

BEISPIEL 2: Student S überfällt maskiert seinen Doktorvater D. Als ihm die Gesichtsmaske verrutscht, und D ihn erkennt, tötet S den D, weil er sonst das Ende seiner wissenschaftlichen Laufbahn fürchtet.

„Guter Zeuge"

Hier kann ein Verdeckungsmord nur deshalb bejaht werden, weil S Tötungsabsicht hat. Ohne die Tötung des D kann S nämlich sein Verdeckungsziel unmöglich erreichen.

Ein Verdeckungsmord durch Unterlassen ist möglich und wird meist mit der – gerade behandelten – Frage zusammentreffen, ob ein bloßer Eventualvorsatz zur Tötung neben der Verdeckungsabsicht ausreicht.

BEISPIEL 3: Der betrunkene Autofahrer A hilft dem von ihm angefahrenen Fußgänger/Radfahrer nicht und lässt ihn unversorgt zurück, um seine Trunkenheitsfahrt zu vertuschen und um seinen Führerschein nicht zu verlieren. Das Opfer verblutet.

„Schlechter Zeuge"

Nach BGH begründet dies einen Verdeckungsmord durch Unterlassen (ansonsten einen Versuch), wenn das Opfer noch hätte gerettet werden können. Hier kann ein Verdeckungsmord bejaht werden, obwohl A mit bloßem Eventualtötungsvorsatz handelt. Dies hat seinen Grund darin, dass A auf den Tod des Opfers nicht „angewiesen" ist, um sein Verdeckungsziel zu erreichen. Hierin liegt der Unterschied zu Beispiel 2, in dem D nicht überleben „darf", weil S von D sonst sicher identifiziert werden könnte.

> **MERKSATZ**
> Ein Verdeckungsmord kann auch mit bloßem Eventualvorsatz zur Tötung begangen werden, wenn das Opfer ein „schlechter Zeuge" ist, welcher dem Täter nicht gefährlich werden kann.

f) Ermöglichungsabsicht

Der Täter muss handeln, um die andere Straftat zu ermöglichen. Die mit der Handlung verfolgte Absicht muss also darauf gerichtet sein, die Begehung der anderen Tat zu ermöglichen. Dabei braucht die Tötung nicht notwendige Voraussetzung zur Begehung der anderen Tat zu sein; es genügt, wenn sie die Tatbegehung nach der Vorstellung des Mörders erleichtert oder eine schnellere Tatbegehung ermöglicht.

Der die Mordqualifikation rechtfertigende besondere Unwert der Tötung um eine andere Straftat zu ermöglichen, liegt darin, dass sie der Begehung kriminellen Unrechts dienen soll. Die erhöhte Verwerflichkeit ergibt sich aus der Bereitschaft, zur Durchsetzung krimineller Ziele „notfalls über Leichen zu gehen", also aus der Verknüpfung von Unrecht mit weiterem Unrecht durch den Täter.

Ansonsten gelten die obigen Ausführungen zur Verdeckungsabsicht für die Ermöglichungsabsicht entsprechend.

D. Die Akzessorietätslockerung des § 28 StGB

§ 28 StGB regelt – als Sonderfall des § 29 StGB – die Frage, wie es sich auswirkt, wenn bei verschiedenen Tatbeteiligten besondere persönliche Merkmale vorliegen bzw. fehlen.

§ 28 I StGB regelt insoweit strafbegründende und § 28 II StGB u.a. auch strafschärfende besondere persönliche Merkmale.

An dieser Stelle spielt der oben schon angedeutete Streit eine Rolle, ob Mordmerkmale selbstständige oder unselbstständige Qualifikationen sind.

Die Grundlagen zu § 28 StGB sind im JI-Pocket Strafrecht AT dargestellt.

§ 28 II StGB bei Mordmerkmalen

PRÜFUNGSSCHEMA

I. Tatbestand der Teilnahme, §§ 26, 27 StGB
 1. Objektiver Tatbestand
  a) Vorsätzliche rechtswidrige Haupttat
  b) Teilnahmehandlung
 2. Subjektiver Tatbestand („doppelter Teilnehmervorsatz")
  a) Bzgl. vorsätzlicher rechtswidriger Haupttat
  b) Bzgl. Teilnahmehandlung
 3. Tatbestandsverschiebung des § 28 II StGB
  a) Besondere persönliche Mordmerkmale
   aa) Beim Haupttäter (vom Vorsatz des Teilnehmers erfasst)
   bb) Beim Teilnehmer
  b) Strafschärfende Wirkung
   aa) (-) nach BGH, also § 28 I StGB
   bb) (+) nach h.L., also § 28 II StGB
II. Rechtswidrigkeit
III. Schuld

FALL 6: ZU VIELE MORDMERKMALE
Problemschwerpunkt: § 28: Gekreuzte Mordmerkmale

T will zur Verdeckung einer von ihm begangenen Straftat den Hauptbelastungszeugen Z töten lassen. Er heuert den Auftragskiller K an, der für einen Mordlohn von 30.000 € den Z erschießt.

Strafbarkeit von K und T?

A. Strafbarkeit des K wegen Mordes an Z gem. §§ 212 I, 211 StGB

Durch den Schuss auf Z könnte sich K wegen Mordes gem. §§ 212 I, 211 StGB strafbar gemacht haben.

I. TATBESTAND

1. Objektiver Tatbestand
K hat Z erschossen und somit den tatbestandlichen Erfolg in Form des Todes eines Menschen kausal herbeigeführt.

2. Subjektiver Tatbestand

a) Vorsatz
K handelte dabei in Kenntnis aller Tatumstände sowie mit dem Willen zur Tatbestandsverwirklichung, also vorsätzlich.

b) Subjektives Mordmerkmal: „Habgier"
Weiterhin könnte K aus Habgier gehandelt haben.

> **DEFINITION**
>
> **Habgier** bedeutet rücksichtsloses Streben nach Gewinn um jeden Preis, wobei der Gewinn auch im Ersparen von Aufwendungen liegen kann.

Mordmerkmal „Habgier"

K hat Z getötet, um sich den Mordlohn von 30.000 € zu verdienen. Somit handelte K habgierig. Die die Habgier begründenden Umstände waren dem K auch bewusst.

II. RECHTSWIDRIGKEIT
K handelte rechtswidrig.

III. SCHULD
K handelte schuldhaft.

IV. ERGEBNIS
Durch die Abgabe der Schüsse hat K sich wegen Mordes gem. §§ 212 I, 211 StGB strafbar gemacht.

B. Strafbarkeit des T wegen Anstiftung zum Mord gem. §§ 212 I, 211, 26 I StGB

Indem T den K angeheuert hat Z zu töten, könnte T sich wegen Anstiftung zum Mord gem. §§ 212 I, 211, 26 I StGB strafbar gemacht haben.

I. TATBESTAND

1. Objektiver Tatbestand

a) Vorsätzliche rechtswidrige Haupttat
K hat Z erschossen und in Habgier gehandelt, sodass eine vorsätzliche rechtswidrige Haupttat in Form des Mordes gem. §§ 212 I, 211 StGB vorliegt.

b) Teilnahmehandlung, § 26 StGB: „bestimmt"
Indem T den K angeheuert hat Z umzubringen, hat er den Tatentschluss bei K hervorgerufen und ihn somit zur Begehung der vorsätzlichen rechtswidrigen Haupttat bestimmt.

> Ein „Killer" ist noch nicht zur Tat entschlossen, da der Vorsatz ja erst noch auf eine bestimmte Person gelenkt werden muss.

2. Subjektiver Tatbestand („doppelter Teilnehmervorsatz")

a) Bzgl. vorsätzlicher rechtswidriger Haupttat
Das Motiv der Habgier war dem T bekannt, sodass er in Kenntnis aller Tatumstände sowie mit dem Willen zur Tatbestandsverwirklichung handelte. Folglich handelte T vorsätzlich hinsichtlich der Begehung des Mordes durch K.

b) Bzgl. Teilnahmehandlung, § 26 StGB: „bestimmt"
T handelte auch vorsätzlich bzgl. des Bestimmens.

3. Tatbestandsverschiebung des § 28 II StGB
T wies in seiner Person jedoch das Mordmerkmal der Habgier nicht auf. Folglich droht bei streng akzessorischer Bestrafung, dass T wegen einer Habgier-Schuld des K bestraft wird. Weiterhin droht, dass die eigene

> § 28 II StGB kann für den Täter sowohl vorteilhaft als auch nachteilig sein

Motivationslage des T bei seiner Bestrafung keine Berücksichtigung findet. Damit besteht die Gefahr einer Verletzung des in § 29 StGB geregelten Grundprinzips, dass jeder nach seiner Schuld bestraft wird.

Um dies zu verhindern, käme eine Tatbestandsverschiebung gem. § 28 II StGB in Betracht. Dafür müssten die einschlägigen Mordmerkmale strafschärfende besondere persönliche Merkmale sein.

a) Besondere persönliche Merkmale

Mordmerkmale des Haupttäters

Das beim Haupttäter K vorliegende (und vom Vorsatz des T umfasste) Merkmal der Habgier ist ein subjektives Mordmerkmal und somit ein besonderes persönliches Merkmal i.S.d. § 14 I StGB.

Mordmerkmale des Teilnehmers

Nach Sachverhalt handelt T jedoch seinerseits zur Verdeckung einer anderen Straftat. Er verwirklicht damit ein subjektives Mordmerkmal der 3. Gruppe, welches ebenfalls ein besonders persönliches Merkmal darstellt.

> **KLAUSURHINWEIS**
> Da der Sachverhalt das Mordmerkmal direkt nennt und damit als verwirklicht vorgibt, war eine nähere Subsumtion überflüssig.

b) Strafschärfende Wirkung

Ob Mordmerkmale eine strafschärfende Wirkung haben, also eine unselbstständige Qualifikation des Totschlags darstellen, ist umstritten.

Keine Anwendung des § 28 StGB auf die 2. Gruppe

> **KLAUSURHINWEIS**
> Bei den Mordmerkmalen der 1. und denen der 3. Gruppe handelt es sich um **subjektive Mordmerkmale**. Sie sind täterbezogen und stellen folglich besondere persönliche Merkmale i.S.v. §§ 28, 14 I StGB dar. Die **objektiven Mordmerkmale**, also die der 2. Gruppe, beschreiben die Tatausführung, sind also tatbezogen. Tatbezogene Merkmale sind gerade keine besonderen persönlichen Merkmale i.S.v. § 28 StGB, sodass keine Lockerung der Akzessorietät erfolgt und sie mithin streng akzessorisch zugerechnet werden.

Rspr.: Die Mordmerkmale begründen die Strafe; Folge: § 28 I StGB

Nach einer Auffassung sind Mordmerkmale **strafbegründend**.

Bei § 211 StGB und § 212 StGB handle es sich um selbstständige Tatbestände. Dies ergebe sich insbesondere aus der systematischen Stellung des Mordes vor dem Totschlag. Hätte der Gesetzgeber den Mord als Qualifikation ausgestalten wollen, so wäre er hinter dem Totschlag zu finden. Nach dieser Auffassung kommt eine Tatbestandsverschiebung nach § 28 II StGB nicht in Betracht. Es käme aber an sich zu einer Strafrahmenverschiebung gem. § 28 I StGB, da das Mordmerkmal der Habgier beim Anstifter T fehlt. Der umgekehrte Fall, dass – wie hier bzgl. des Mordmerkmals der Verdeckungsabsicht – das besondere persönliche Mordmerkmal beim Teilnehmer vorliegt und beim Täter fehlt, ist in § 28 I StGB nicht geregelt. Um die Strafe beim Teilnehmer, der selbst ein subjektives Mordmerkmal aufweist, nicht mildern zu müssen, wendet der BGH § 28 I StGB in diesen Fällen (der **„gekreuzten Mordmerkmale"**) nicht an. Nach dieser Auffassung würde K wegen Anstiftung zum (nicht gemilderten) Habgier-Mord, §§ 211 II 1. Gruppe, 26 StGB bestraft werden.

KLAUSURHINWEIS
Würde man dieser Auffassung folgen, so müsste man das Problem im Gutachten nach der Schuld unter dem Punkt „Strafzumessung" prüfen, da § 28 I StGB ja bloß die Frage einer möglichen Strafrahmenverschiebung regelt.

Nach einer anderen Meinung stellt der Mord eine **Qualifikation** des Totschlags dar. Mord und Totschlag dienen dem Schutz des gleichen Rechtsguts, sodass es wenig einleuchtend sei, von zwei selbstständigen Delikten zu sprechen. Nach dieser Meinung würde also eine erste Tatbestandsverschiebung gem. § 28 II StGB von einer Anstiftung zum Habgier-Mord zu einer Anstiftung zum Totschlag stattfinden. Da T jedoch selbst das subjektive Mordmerkmal der Verdeckungsabsicht aufweist, würde es zu einer zweiten Tatbestandsverschiebung von einer Anstiftung zum Totschlag zu einer Anstiftung zum Verdeckungsmord kommen.

h.L.: Mordmerkmale führen zu einer Strafschärfung; Folge: § 28 II StGB

Nach dieser **doppelten Tatbestandsverschiebung** wäre K wegen Anstiftung zum Verdeckungsmord, §§ 212 I, 211 II 3. Gruppe, 26 StGB zu bestrafen.

MERKSATZ
Nach dieser Meinung liegt die Schuld des T „eigentlich" darin, dass er aus Verdeckungsabsicht angestiftet hat, einen Menschen zu töten.

Da sich die Anstiftung nach der ersten Ansicht als eine solche zum Habgier-Mord nach der zweiten Ansicht hingegen als eine solche aus Verdeckungsabsicht darstellt, ist der Streit zu entscheiden.

Stellungnahme

> **KLAUSURHINWEIS**
> Dies wird z.T. anders gesehen, da beide Meinungen zu einer Verurteilung wegen „Anstiftung zum Mord" führen würden. Das kann aber nicht überzeugen. Wenn zwei Meinungen zu unterschiedlichen Mordmerkmalen gelangen, muss dies ebenso entschieden werden wie z.B. die Frage, ob eine unechte Urkunde hergestellt oder eine echte verfälscht wurde.

Gegen die systematischen Erwägungen der ersten Meinung spricht zum einen, dass der Mord an den Anfang des 16. Abschnitts gestellt wurde, um dessen besondere Schwere hervorzuheben und eine bestmögliche Abschreckung zu erreichen (Mord war ursprünglich mit der Todesstrafe bedroht). Zum anderen setzt jeder Mord zwingend voraus, dass zumindest die Voraussetzungen eines Totschlags verwirklicht sind. Damit ist ein Mord ein Totschlag bei dem zusätzlich ein Mordmerkmal vorliegt, was der typischen Struktur von Grunddelikt und (unselbstständiger) Qualifikation entspricht. Der zweiten Ansicht folgend, ist also eine doppelte Tatbestandsverschiebung nach § 28 II StGB zur Anstiftung zum Verdeckungsmord anzunehmen.

> **MERKSATZ**
> Die Lösung wäre im Fall einer Beihilfe gem. § 27 StGB identisch.

II. RECHTSWIDRIGKEIT
T handelte rechtswidrig.

III. SCHULD
T handelte schuldhaft.

IV. ERGEBNIS
T ist somit strafbar wegen Anstiftung zum Mord gem. §§ 212 I, 211 II 3. Gruppe, 26 I StGB.

FALLENDE

STRASSENVERKEHRSDELIKTE

A. Einführung

Die Straßenverkehrsdelikte sind gemeingefährliche Straftaten. Von primärer Prüfungsrelevanz sind die §§ 316, 315c und 315b StGB.

Die Trunkenheit im Verkehr, § 316 StGB, setzt keinen wie auch immer gearteten Zwischen- oder gar Unfall aufgrund der Fahruntüchtigkeit voraus. § 316 StGB ist damit ein **abstraktes Gefährdungsdelikt** und zugleich ein schlichtes Tätigkeitsdelikt. Die §§ 315c und 315b StGB stellen hingegen konkrete Gefährdungsdelikte dar.

Die verschiedenen Tatbestände

Bei § 316 StGB handelt es sich um ein **eigenhändiges Delikt**. Täter kann folglich nur sein, wer die im Tatbestand umschriebene Handlung „Führen eines Fahrzeugs" selbst vornimmt. Mittelbare Täterschaft ist daher ebenso wie zumindest nicht eigenhändige Mittäterschaft ausgeschlossen. Ein Extraneus kann sich folglich nur wegen Anstiftung oder Beihilfe zu Fällen des 316 I StGB strafbar machen. Soweit die Tathandlung im Führen eines Fahrzeuges liegt, gilt dies in gleicher Weise für **§ 315c StGB**.

§ 316 StGB: Eigenhändigkeit

Alle genannten Delikte sind bloße Vergehen. Eine Versuchsstrafbarkeit gibt es gem. § 315b II StGB und gem. § 315c II StGB nur in den Fällen des § 315c I Nr. 1 StGB. § 316 StGB kennt hingegen keinen Versuch.

Versuch

§ 316 StGB schützt das Universalinteresse an der Sicherheit des öffentlichen Straßen- sowie Bahn-, Schiffs- und Luftverkehrs, und zwar nur gegen verkehrsinterne Bedrohungen von Fahrzeugführern. § 316 II StGB enthält ein paralleles Fahrlässigkeitsdelikt mit ansonsten identischen Voraussetzungen. §§ 315b und 315c StGB schützen die Individualrechtsgüter Leib und Leben von Personen sowie fremde Sachen von bedeutendem Wert. Daneben sieht die h.M. auch das Allgemeinrechtsgut der Sicherheit des Straßenverkehrs als mitgeschützt an.

Das geschützte Rechtsgut

§ 316 I StGB enthält eine (auch für Fälle des Abs. 2 geltende) spezielle **Subsidiaritätsklausel**. Danach tritt § 316 StGB zurück, wenn die Tat in § 315a StGB oder § 315c StGB mit Strafe bedroht ist.

Das Verhältnis zu anderen Delikten

> **KLAUSURHINWEIS**
> Ein subsidiäres Delikt wird in der Klausur erst hinter dem Delikt geprüft, zu dem die Subsidiarität besteht. Liegt z.B. § 315c StGB vor, wird nur kurz festgestellt, dass § 316 StGB jedenfalls im Wege der formellen (gesetzlich angeordneten) Subsidiarität zurücktritt. Eine ausführliche Prüfung des Tatbestands wäre in diesem Fall falsch.

§§ 222, 229 StGB | Mit § 222 StGB, § 229 StGB ist Tateinheit möglich.

Unfallflucht, § 142 I StGB | Mit Unfallflucht, § 142 StGB, besteht zunächst dann Tateinheit, wenn erst beim Sichentfernen vom Unfallort oder im Verlaufe eines einzigen Fluchtwegs Verkehrsverstöße nach § 315c StGB begangen werden. Soweit bereits durch den **Unfall** der Tatbestand des § 315c StGB verwirklicht wurde, führt der Verkehrsunfall zu einer **Zäsur**, sodass § 315c StGB (materiell-rechtlich) in Tatmehrheit zu § 142 StGB steht, der seinerseits wieder tateinheitlich mit § 316 StGB zusammentreffen kann. Gleichwohl kann die gesamte Fahrt eine Tat im prozessualen Sinn sein.

„Zäsurwirkung" des Unfalls und „normale" Fahrtunterbrechungen | Durch diese sog. **„Zäsurwirkung des Unfalls"** können sich auch mehrere Taten gem. § 315c StGB in Tatmehrheit hintereinander ereignen. Eine kurze **Fahrtunterbrechung** (fünf bis zehn Minuten) steht der Annahme einer einheitlichen Trunkenheitsfahrt wohl jedenfalls dann nicht entgegen, wenn der Täter nach dieser Unterbrechung von Anfang an weiterfahren wollte; dann dürfte auch unerheblich sein, wenn der Täter während dieser Pause sein Fahrzeug verlässt.

Tatkomplexbildung in der Klausur

> **KLAUSURHINWEIS**
> Klausuren sind insoweit häufig dergestalt aufgebaut, dass im Laufe der Fahrt mehrere „kritische Situationen" passieren. Sofern es zu einer konkreten Gefährdung, also § 315c StGB, kommt, hat dies „Zäsurwirkung". Dies bedeutet, dass der Entschluss, dennoch die Fahrt fortzusetzen als ein neuer Tatentschluss gewertet wird, der zur Annahme von Tatmehrheit führt. Insoweit bietet es sich dann an, „von Unfall zu Unfall" jeweils einen neuen Tatkomplex zu bilden.

Damit von einer konkreten Gefahr gesprochen werden kann, verlangt der BGH zumindest einen sog. **„Beinahe-Unfall"**.

> **DEFINITION**
> Ein **„Beinahe-Unfall"** – also eine konkrete Gefährdung – ist gegeben, wenn es zu einer hochriskanten, praktisch nicht mehr beherrschbaren Verkehrssituation gekommen ist, bei der es nur noch vom Zufall abhängt, ob es zu einer Rechtsgutsverletzung kommt.

„Beinahe-Unfall"

B. Der Tatbestand der Trunkenheit im Verkehr, § 316 StGB

Die Prüfung des § 316 StGB ist wie folgt aufzubauen:

PRÜFUNGSSCHEMA

Prüfungsschema
§ 316 StGB

I. Tatbestand
  1. **Führen eines Fahrzeugs**
  2. **Im Verkehr**
  3. **Im fahruntüchtigen Zustand**
  4. **Vorsatz oder Fahrlässigkeit**
II. Rechtswidrigkeit
III. Schuld

Das „Führen eines Fahrzeugs" ist ab dem Anrollen der Räder zu bejahen. Es muss sich dabei nicht zwingend um ein „Kraftfahrzeug" handeln, weshalb auch Fahrräder taugliche Tatmittel sind.

> **DEFINITION**
> **Fahrzeugführer** ist dabei diejenige Person, die sich selbst aller oder wenigstens eines Teils der wesentlichen technischen Einrichtungen des Fahrzeugs bedient, die für seine Fortbewegung bestimmt sind, und das Fahrzeug in Bewegung setzt oder es während der Fahrtbewegung lenkt.

Definition:
Fahrzeugführer

BEISPIEL 1: Ein Fahrlehrer, der nur Fahranweisungen gibt, führt kein Fahrzeug.

Das Fahrzeug muss **„im Verkehr"** geführt werden. Entsprechend seiner systematischen Stellung im Abschnitt über die gemeingefährlichen Straftaten sowie entsprechend dem geschützten Rechtsgut der Verkehrssicherheit umfasst § 316 StGB nur das Führen eines Fahrzeugs im öffentlichen Verkehr.

STRASSENVERKEHRSDELIKTE

Definition: Öffentlicher Straßenverkehr

> **DEFINITION**
> **Öffentlich** ist der **Straßenverkehr**, wenn der Verkehrsraum entweder ausdrücklich oder mit stillschweigender Duldung des Verfügungsberechtigten für jedermann oder wenigstens allgemein für bestimmte Gruppen von Personen (d.h. für einen zufälligen Personenkreis) – wenn auch nur vorübergehend oder gegen Gebühr – zur Benutzung zugelassen ist.

In Betracht kommen damit grundsätzlich auch allgemein zugängliche Privatparkplätze, Kundenparkplätze, oder Parkhäuser.

Ob auf einem privaten Betriebsgelände öffentlicher Verkehr stattfindet, hängt maßgeblich von den Umständen des Einzelfalles ab (allgemein zulässige Zufahrt oder aber Absperrung und nur individuelle Zufahrtberechtigung).

Promille-Grenzen

> **MERKSATZ**
> Eine alkoholbedingte Fahruntüchtigkeit liegt bei einem Kraftfahrer vor, wenn er mindestens 0,3 ‰ BAK (nicht darunter!) und Ausfallerscheinungen aufweist (sog. **relative Fahruntüchtigkeit**), oder ab 1,1‰ (Radfahrer etwa 1,6 ‰) BAK (sog. **absolute Fahruntüchtigkeit**).

C. Der Tatbestand der Gefährdung des Straßenverkehrs, § 315c StGB

Im Rahmen dieses Pockets muss sich die Darstellung auf § 315c I Nr. 1a StGB beschränken.

PRÜFUNGSSCHEMA

Prüfungsschema § 315c StGB

I. Tatbestand
  1. Führen eines Fahrzeugs im fahruntüchtigen Zustand (Nr. 1)
  2. Grob verkehrswidriges und rücksichtsloses Verhalten (Nr. 2)
  3. Im Straßenverkehr
  4. Gefährdung der genannten Rechtsgüter
  5. Zurechnungszusammenhang
  6. Vorsatz bzgl. 1 – 5.
  [7. Fahrlässigkeit bzgl. Gefährdung wenn kein entspr. Vorsatz (§ 315c III Nr. 1 StGB) oder reine FLK (§ 315c III Nr. 2 StGB)]

II. Rechtswidrigkeit

III. Schuld

> **KLAUSURHINWEIS**
> Die Unterscheidung „objektiver" und „subjektiver" Tatbestand sollte hier aufgegeben werden, da meist ein Fall des Abs. 3 vorliegt.

> **MERKSATZ**
> Der Tatbestand gilt als dreistufig: Es wird verlangt, dass durch eine der genannten Tathandlungen **(1. Stufe)** eine abstrakte Gefahr geschaffen wird **(2. Stufe)**, die sich dann zur konkreten Gefahr „verdichtet" [„Beinahe-Unfall"] **(3. Stufe)**.

3-stufiger Tatbestand

Im Rahmen der 3. Stufe muss wegen des Wortlauts „und dadurch" der sog. **Zurechnungszusammenhang** bestehen.
Tatbestandlich sind nur solche Fälle, in denen die Gefährdung bei einem ordnungsgemäßen Verhalten (z.B. bei einem Fahren im fahrtüchtigen Zustand) nicht eingetreten wäre. Es handelt sich hier um eine **besondere Ausgestaltung** des vor allem aus der Fahrlässigkeitsdogmatik bekannten allgemeinen Erfordernisses des **„Pflichtwidrigkeitszusammenhangs"**.

Zurechnungszusammenhang

Die Rspr. nimmt an, dass eine Strafbarkeit wegen des fahrlässigen Verletzungsdelikts gem. §§ 315c, 222, 229 StGB auch dann in Betracht kommt, wenn der Fahrer in fahruntüchtigem Zustand zwar die grundsätzlich zulässige Höchstgeschwindigkeit eingehalten hat, jedoch die Geschwindigkeit überschritten hat, die in seinem fahruntüchtigen Zustand angemessen gewesen wäre. Dies überzeugt jedoch nicht, da dann vom fahruntüchtigen Fahrer die Vermeidung eines Erfolges verlangt würde, der auch bei vollständig pflichtgemäßem Verhalten eingetreten wäre. Das Recht fordert nämlich primär, überhaupt nicht betrunken Auto zu fahren, und nicht, im betrunkenen Zustand langsamer zu fahren.

Prüfung des Pflichtwidrigkeitszusammenhangs bei Trunkenheitsfahrt

SACHVERHALT

FALL 7: „ICH FAHR´NOCH!"
Problemschwerpunkt: § 315c: Konkrete Gefährdung und Einwilligung

F, R und B waren gemeinsam auf dem Weinfest in Rüdesheim. Nachdem alle dem Riesling gefrönt haben, gehen sie zum Firmenwagen des F, der seinem Chef C gehört. F hat eine BAK von 0,7 ‰, vertraut aber ernsthaft darauf noch fahrtüchtig zu sein, da er viel gegessen habe und das letzte Glas Wein auch schon wieder fast 2 Stunden her sei.

B weiß genau, dass F getrunken hat, bestärkt ihn aber massiv in seiner Entscheidung noch Auto zu fahren, da er von F nach Hause gebracht werden möchte. R hingegen ist bei dem Gedanken, dass F noch fährt, unwohl. Da er aber keine andere Chance sieht nach Hause zu kommen, steigt er ebenfalls ins Auto.

Kaum losgefahren driftet der von F gelenkte Wagen auf die Gegenfahrbahn. Da auf der Landstraße aber gerade kein Gegenverkehr ist, kann F den Wagen wieder auf seine Fahrbahn steuern.

Kurze Zeit danach fährt F jedoch wegen einer alkoholbedingten Fehleinschätzung viel zu schnell in eine Kurve, verliert die Kontrolle über das Fahrzeug und landet im Straßengraben. Der Firmenwagen des F ist beschädigt, alle drei Insassen des Fahrzeugs werden verletzt.

Strafbarkeit des F?

Bearbeitervermerk: Gehen Sie davon aus, dass das Verhalten von B als Beihilfe gem. § 27 StGB zu werten ist, das Einsteigen des R hingegen nicht.

LÖSUNG

A. Strafbarkeit des F gem. § 315c I Nr. 1a, III Nr. 2 StGB

F könnte sich wegen fahrlässiger Gefährdung des Straßenverkehrs gem. § 315c I Nr. 1a, III Nr. 2 StGB strafbar gemacht haben, indem er nach dem Alkoholkonsum mit dem Fahrzeug fuhr und den Unfall verursachte.

> **KLAUSURHINWEIS**
> Aufgrund des eindeutigen Hinweises im Sachverhalt („F vertraut ernsthaft darauf, noch fahrtüchtig zu sein") sollte im vorliegenden Fall auf eine Prüfung der Vorsatzstraftat gem. § 315c I Nr. 1a StGB verzichtet werden.
> Der Korrektor könnte Ihre Ausführungen andernfalls als überflüssig erachten.
> Beachten Sie jedoch, dass eine Prüfung der Vorsatzstraftat bzw. der Vorsatz-Fahrlässigkeitskombination aus § 315c I Nr. 1a, III Nr. 1 StGB bei weniger eindeutigen Vorgaben zum Vorsatz des Täters prinzipiell erfolgen sollte.

I. TATBESTANDSMÄSSIGKEIT, § 315c I Nr. 1a, III Nr. 2 StGB

1. Führen eines Fahrzeuges im Straßenverkehr

F müsste ein Fahrzeug im Straßenverkehr geführt haben. Der Begriff des Fahrzeugs umfasst jedes, mit Ausnahme der in § 24 StVO genannten, Fortbewegungsmittel.

> **DEFINITION**
> **Führen** eines **Fahrzeuges** ist das eigenhändige oder mitverantwortliche in Bewegung setzen oder das Lenken durch den öffentlichen Verkehrsraum während der Fahrbewegung unter Handhabung seiner technischen Vorrichtungen.

Definition: Führen des Fahrzeugs

F hat das Fahrzeug eigenhändig in Bewegung gesetzt und durch den öffentlichen Verkehrsraum gelenkt. Die Tathandlung hat er damit vorgenommen.

2. Alkoholbedingte Fahruntüchtigkeit

F müsste zudem infolge des Alkoholgenusses nicht mehr in der Lage gewesen sein, das Fahrzeug sicher zu führen.

Definition: Fahruntüchtigkeit

> **DEFINITION**
> Ein Kraftfahrer ist nicht in der Lage ein Fahrzeug sicher zu führen, wenn seine Gesamtleistungsfähigkeit durch Enthemmung sowie geistig-seelischer und körperlicher Leistungsausfälle so herabgesetzt ist, dass er nicht mehr fähig ist, sein Fahrzeug im Straßenverkehr über eine längere Strecke, und zwar auch beim Auftreten schwieriger Verkehrslagen, sicher zu steuern.

Promille-Grenzen

Die absolute Fahruntüchtigkeit wird bei Erreichen der Blutalkoholkonzentration von mindestens 1,1 ‰ unwiderleglich vermutet. Bei relativer Fahruntüchtigkeit ist dagegen zudem der Nachweis von Ausfallerscheinungen notwendig. Sie kann bereits bei einer Blutalkoholkonzentration von 0,3 ‰ vorliegen.

F hatte zum Tatzeitpunkt eine Blutalkoholkonzentration von 0,7 ‰ und fuhr aufgrund einer alkoholbedingten Fehleinschätzung zu schnell in die Kurve, sodass ein Nachweis alkoholbedingter Ausfallerscheinung gegeben ist. Eine relative Fahruntüchtigkeit ist mithin anzunehmen.

3. Konkrete Gefährdung von Leib und Leben eines anderen oder fremder Sachen von bedeutendem Wert

Es müsste zu einer konkreten Gefährdung von Leib und Leben eines anderen oder fremder Sachen von bedeutendem Wert gekommen sein.

Sog. „Beinahe-Unfall"

> **DEFINITION**
> Ein **„Beinahe-Unfall"** – also eine konkrete Gefährdung – ist gegeben, wenn es zu einer hochriskanten, praktisch nicht mehr beherrschbaren Verkehrssituation gekommen ist, bei der es nur noch vom Zufall abhängt, ob es zu einer Rechtsgutverletzung kommt.

a) Konkrete Gefährdung durch das Losfahren und Abkommen auf die Gegenfahrbahn

Bereits das Mitnehmen der anderen Fahrzeuginsassen durch den Fahruntüchtigen F könnte eine konkrete Gefahr darstellen. Jedoch würde dies die Grenze zwischen abstrakter und konkreter Gefährdung verwischen, sodass § 315c StGB zu einem abstrakten Gefährdungsdelikt würde, obwohl die abstrakte Gefährdung bei entsprechendem Verhalten bereits über § 316 StGB mit Strafe bedroht ist. So ist folgerichtig - auch für die Beifahrer - nur von einer konkreten Gefährdung auszugehen, wenn der alkoholbedingte Fahrfehler des Fahrzeugführers zu einer konkret-kritischen Verkehrssituation (sog. „Beinahe-Unfall") geführt hat; folgenlose Fahrfehler sind außer Betracht zu lassen. In dem Moment als F auf die leere Gegenfahrbahn kam, befand sich dort kein anderer Verkehrsteilnehmer, sodass nicht von einer konkret-kritischen Verkehrssituation auszugehen ist. Somit lag zu diesem Zeitpunkt keine konkrete Gefährdung vor.

b) Konkrete Gefahr durch das Herausfliegen aus der Kurve
Jedoch lag eine konkrete Gefährdung vor, als F die Kontrolle verlor und im Straßengraben landete.

aa) Gefahr für Leib und Leben eines anderen
Bei B und R, die F durch das Herausfliegen aus der Kurve gefährdet und sogar geschädigt hat, müsste es sich um „andere Menschen" i.S.d. § 315c StGB handeln. Tatbeteiligte fallen nicht in den Schutzbereich der §§ 315 ff. StGB, es handelt sich hierbei insofern um gemeingefährliche Delikte, bei denen die Opfer stellvertretend für die Allgemeinheit stehen müssen. Anderenfalls wäre der Teilnehmer am Ende wegen Beteiligung an einer eigenen Gefährdung zu bestrafen.

> **KLAUSURHINWEIS**
>
> Das Verhalten des B ist laut Bearbeitervermerk als Beihilfe gem. § 27 I StGB zu werten. Bei Fehlen eines solchen Hinweises raten wir Ihnen, um die Frage nach der Tatbeteiligung des „anderen" nicht im Rahmen der Prüfung des Haupttäters gem. § 315c StGB erörtern zu müssen, zu folgender Vorgehensweise:
>
> I. Strafbarkeit des Haupttäters gem. § 316 I StGB
> II. Strafbarkeit des Teilnehmers gem. §§ 316 I, 26 (27 I) StGB
> III. Strafbarkeit des Haupttäters gem. § 315c I Nr. 1 StGB
> IV. Strafbarkeit des Teilnehmers gem. § 315c I Nr. 1 StGB
>
> Bei fahrlässiger Begehung der Tat treten an die Stelle der §§ 316 I, 315c I Nr. 1 StGB die §§ 316 II, 315c I Nr. 1, III StGB.

Hier prüfen Sie also mal das subsidiäre Delikt zuerst, um die Inzident-Prüfung der Teilnahme zu vermeiden. (Einen „Gutachtentod" müssen Sie in diesem Fall also sterben.)

Das Verhalten des B ist als Beihilfe gem. § 27 I StGB zu werten. Somit handelt es sich bei B um einen Tatbeteiligten, der nicht in den Schutzbereich des § 315c StGB fällt und dessen Gefährdung mithin nicht den Tatbestand erfüllt.

Das bloße Einsteigen des R ins Auto ist hingegen nicht als Beihilfe gem. § 27 I StGB zu klassifizieren. Mangels Beteiligteneigenschaft ist R mithin als "anderer" i.S.d. § 315c StGB anzusehen. Eine Gefährdung von Leib und Leben des R liegt somit vor.

bb) Konkrete Gefährdung fremder Sachen von bedeutendem Wert

Problem: Tatfahrzeug als geschützte fremde Sache

Weiterhin könnte es zu einer Gefährdung fremder Sachen gekommen sein. Bei dem Firmenwagen des F, welcher im Eigentum des C stand, handelte es sich um ein für F fremdes Fahrzeug. Die Mindestgrenze für einen bedeutsamen Sachwert liegt bei 750,- €, wobei es nicht auf den Wert der Sache, sondern auf die Höhe des drohenden Schadens ankommt. Fraglich ist, ob das von F gesteuerte Fahrzeug in den Schutzbereich des § 315c StGB fällt.

M.M.

Einer Auffassung nach kann auch das vom Täter geführte Fahrzeug taugliches Gefährdungsobjekt i.S.d. § 315c StGB sein. Es sei ein Wertungswiderspruch, wenn eine vorsätzliche Beschädigung eines Autos von § 303 StGB erfasst wäre, eine vorsätzliche Gefährdung nicht aber unter § 315c StGB fallen würde. Dieser Auffassung nach läge eine konkrete Gefährdung einer fremden Sache von bedeutendem Wert vor.

H.M.

Einer anderen Auffassung nach ist das vom Täter gesteuerte Fahrzeug nicht vom Schutzbereich des § 315c StGB umfasst, unabhängig davon, in welchem Eigentum es steht. Dies wird damit begründet, dass Mittel und Objekt der Gefährdung aufgrund der Struktur des § 315c StGB nicht identisch sein können. Dieser Auffassung folgend wäre eine konkrete Gefährdung zu verneinen.

Stellungnahme

Die Auffassungen kommen zu unterschiedlichen Ergebnissen, eine Entscheidung ist mithin erforderlich. Für die letztgenannte Auffassung spricht, dass es ansonsten gerade im Straßenverkehrsbereich zu rechtspolitisch unbefriedigenden Ergebnissen kommen würde. So würde die Gefährdung bei einem unter Eigentumsvorbehalt gekauften Fahrzeug davon abhängen, ob der Täter die letzte Rate bereits gezahlt hat oder nicht und wäre somit zufällig. Der letztgenannten Auffassung folgend ist die Gefährdung des von F geführten Fahrzeugs im Rahmen des § 315c StGB unerheblich, eine konkrete Gefährdung fremder Sachen von bedeutendem Wert liegt nicht vor.

4. Zurechnungszusammenhang

Die konkrete Gefährdung muss ihren Grund in der alkoholbedingten Fahruntüchtigkeit haben. Dies wäre nicht der Fall, wenn die Gefährdung mit an Sicherheit grenzender Wahrscheinlichkeit auch ohne die Alkoholisierung eingetreten wäre. F verlor die Kontrolle aufgrund einer alkoholbedingten Fehleinschätzung. Es ist somit davon auszugehen, dass er die Kurve ohne Alkoholeinfluss richtig eingeschätzt hätte, sodass es nicht zu dem Unfall gekommen wäre.

Notwendig: Alkoholbezug

Allerdings ist zu berücksichtigen, dass sich R in Kenntnis der Trunkenheit des F in dessen Auto gesetzt hat. Dies könnte eine die Zurechnung ausschließende eigenverantwortliche Selbstgefährdung darstellen. Andererseits könnte es sich jedoch auch um eine einverständliche Fremdgefährdung des R handeln, die nicht bereits die Zurechnung ausschließen würde, sondern auf der Ebene der Rechtswidrigkeit als Unterfall des Rechtfertigungsgrundes der Einwilligung von Bedeutung sein könnte.

Problem: Selbstgefährdung

Die Abgrenzung zwischen eigenverantwortlicher Selbstgefährdung und einverständlicher Fremdgefährdung erfolgt über die Kriterien der Abgrenzung zwischen Täterschaft und Teilnahme, sodass auch auf die Tatherrschaft abzustellen ist. Bei einer Autofahrt hat der Fahrer die Herrschaft über das Geschehen. Er bestimmt die Geschwindigkeit und die Lenkbewegungen. Zwar hat der Beifahrer die Möglichkeit, den Fahrer zu einem entsprechenden Verhalten aufzufordern; ob dieser jedoch den Aufforderungen nachkommt, bleibt allein ihm überlassen. Folglich ist davon auszugehen, dass F die Tatherrschaft innehatte und es sich damit um eine Fremdgefährdung handelte. Ein Zurechnungszusammenhang ist somit anzunehmen.

Abgrenzung zur einverständlichen Fremdgefährdung

MERKSATZ

Die Selbstgefährdung schließt die objektive Zurechnung aus. Die einverständliche Fremdgefährdung kann zu einer rechtfertigenden Einwilligung führen. Dies kann einen entscheidenden Unterschied machen, wenn die Einwilligung z.B. an der Sittenwidrigkeit, § 228 StGB, scheitern würde.

Zur Vertiefung: Autorennen-Fall (BGH, 4 StR 328/08), Timpe, ZJS 2009, 170 ff.

5. Fahrlässigkeit bezüglich der Trunkenheit und der Gefährdung, § 315c III Nr. 2 StGB

F müsste fahrlässig gehandelt haben. Der objektive Sorgfaltspflichtverstoß des F liegt darin begründet, dass er trotz des Alkoholkonsums und in Kenntnis seiner möglicherweise beeinträchtigten Fahrtüchtigkeit ein Fahrzeug führte. Auch eine Gefährdung in diesem Zustand lag nicht außerhalb aller Wahrscheinlichkeit und war objektiv voraussehbar. F handelte bezüglich der Trunkenheit sowie der Gefährdung fahrlässig.

II. RECHTSWIDRIGKEIT

Die einverständliche Fremdgefährdung ist ein Unterfall der rechtfertigenden Einwilligung.

F müsste rechtswidrig gehandelt haben. R stieg trotz Kenntnis des Alkoholkonsums in das von F geführte Fahrzeug, sodass eine rechtfertigende einverständliche Fremdgefährdung in Betracht kommt. Bei einer einverständlichen Fremdgefährdung stimmt das Opfer der Gefährdung von vornherein zu.

> **MERKSATZ**
> Bei der **rechtfertigenden Einwilligung** stimmt das Opfer von vornherein der Verletzung des geschützten Rechtsgutes zu, bei der einverständlichen Fremdgefährdung jedoch nur dessen Gefährdung.

Jedoch ist der Täter auch dann gerechtfertigt, wenn die von ihm gesetzte Gefahr, zu der das Opfer zugestimmt hat, in voraussehbarer Weise zu einem Schaden führt.

Problem: Dispositionsbefugnis

Auch die einverständliche Fremdgefährdung setzt voraus, dass das Opfer über das geschützte Rechtsgut disponieren kann. Fraglich ist, ob R hinsichtlich des durch § 315c StGB geschützten Rechtsgutes Dispositionsbefugnis besitzt.

Wohl h.L.

Einer Auffassung nach werden von § 315c StGB neben der Sicherheit des Straßenverkehrs auch die Individualrechtsgüter Leib und Leben des Einzelnen geschützt. Eine Einwilligung hinsichtlich der Individualrechtsgüter sei möglich, für die Sicherheit des Straßenverkehrs als Rechtsgut verbliebe insofern noch eine Strafbarkeit nach § 316 StGB. Dieser Auffassung nach hatte R Dispositionsbefugnis.

Einer Gegenauffassung nach ist die Einwilligung gerade wegen der Doppelnatur des § 315c StGB, der neben den Individualrechtsgütern eben auch die Sicherheit des Straßenverkehrs schützt, nicht möglich. R wäre dieser Auffassung nach nicht dispositionsbefugt.

BGH

Aufgrund der unterschiedlichen Ergebnisse ist eine Entscheidung des Streits notwendig. Gegen die erstgenannte Auffassung spricht, dass eine Einwilligung der Struktur des § 315c StGB nicht gerecht wird. Schützt ein Tatbestand mehrere Rechtsgüter, so kann eine Einwilligung nur möglich sein, wenn der Einwilligende hinsichtlich aller Rechtsgüter Dispositionsbefugnis besitzt. Eine teilweise Einwilligung bezogen auf einzelne Rechtsgüter ist hingegen nicht möglich. Die Sicherheit im Straßenverkehr ist ein Rechtsgut der Allgemeinheit; der Einzelne kann folglich nicht in die Verletzung dieses Rechtsgutes wirksam einwilligen. R hatte somit, der letztgenannten Auffassung folgend, keine Dispositionsbefugnis und ist somit nicht gerechtfertigt.

Stellungnahme

III. SCHULD
Hinsichtlich der Schuldfähigkeit des F bestehen keine Bedenken. F hätte erkennen können, dass er in seinem Zustand eine Gefahr für andere Verkehrsteilnehmer, insbesondere die Fahrzeuginsassen, darstellte und handelte somit auch subjektiv sorgfaltswidrig.

IV. ERGEBNIS
F hat sich wegen Gefährdung des Straßenverkehrs gem. § 315c I Nr. 1a, III Nr. 2 StGB strafbar gemacht, indem er fahrlässig nach dem Alkoholkonsum mit dem Auto fuhr.

B. Strafbarkeit des F gem. § 316 II StGB
Der gleichzeitig mitverwirklichte § 316 II StGB tritt im Wege der formellen Subsidiarität zurück.

C. Strafbarkeit des F gem. § 229 StGB hinsichtlich B
Zudem könnte sich F einer fahrlässigen Körperverletzung gem. § 229 StGB strafbar gemacht haben.

I. TATBESTANDSMÄSSIGKEIT

1. Eintritt des tatbestandsmäßigen Erfolges
Indem B bei dem Unfall verletzt wurde, wurde er sowohl körperlich misshandelt als auch in seiner Gesundheit geschädigt. Der tatbestandsmäßige Erfolg ist mithin eingetreten.

2. Kausale Handlung
Hätte F das Fahrzeug nicht geführt, wäre der Unfall und damit die Verletzung des B nicht eingetreten. Die Handlung des F war somit kausal.

3. Objektiver Sorgfaltspflichtverstoß bei objektiver Voraussehbarkeit
Der Sorgfaltspflichtverstoß liegt darin begründet, dass F trotz des Alkoholkonsums das Fahrzeug führte. Es war auch voraussehbar, dass es in der Folge zu einem Unfall und einer Verletzung der Fahrzeuginsassen kommen würde.

4. Objektive Zurechnung
Fraglich ist jedoch, ob die Zurechnung des Erfolges dadurch entfallen könnte, dass B in Kenntnis der Alkoholisierung des F mitfuhr und sich damit freiverantwortlich der Gefahr aussetzte.

Fremdgefährung und Selbstgefährdung

B gefährdete sich nicht selbst, die Gefährdung resultierte vielmehr aus dem Verhalten des F. Im Gegensatz zu einer eigenverantwortlichen Selbstgefährdung entfällt bei einer einverständlichen Fremdgefährdung nicht bereits die objektive Zurechnung, vielmehr erlangt die einverständliche Fremdgefährdung erst auf der Ebene der Rechtswidrigkeit Bedeutung. Diese bereits im Rahmen des § 315c StGB vorgenommene Wertung dürfte auch entsprechend auf andere Tatbestände übertragbar sein. Somit kann der Erfolg dem F auch im Rahmen des § 229 StGB zugerechnet werden.

II. RECHTSWIDRIGKEIT

Einwilligung und Dispositionsbefugnis

Das Verhalten des F müsste rechtswidrig gewesen sein. Es kommt eine Rechtfertigung des F durch die einverständliche Fremdgefährdung des B in Betracht. Eine einverständliche Fremdgefährdung setzt - als Unterfall der rechtfertigenden Einwilligung - eine Dispositionsbefugnis bezogen auf das geschützte Rechtsgut voraus. § 229 StGB schützt die körperliche Unversehrtheit. Diese ist, wie sich aus § 228 StGB entnehmen lässt, ein disponibles Rechtsgut, sodass bei § 229 StGB eine Rechtfertigung durch die einverständliche Fremdgefährdung - anders als bei § 315c StGB - möglich ist. B hatte als einwilligungsfähiger Inhaber des Rechtsgutes sein Einverständnis vor der Tat ohne Willensmängel erklärt, dies geschah auch in entsprechendem Bewusstsein. F ist mithin gerechtfertigt.

> **KLAUSURHINWEIS**
> Hier wäre es ein schwerer Fehler gewesen, die Dispositionsbefugnis unter Verweis auf die obige Lösung zu § 315c StGB zu verneinen. Die Dispositionsbefugnis ist für jeden Tatbestand separat zu prüfen.

III. ERGEBNIS
F hat sich nicht einer fahrlässigen Körperverletzung gem. § 229 StGB strafbar gemacht.

D. Strafbarkeit des F gem. § 229 StGB hinsichtlich R
Eine Strafbarkeit hinsichtlich R gem. § 229 StGB scheidet aus den vorgenannten Erwägungen ebenfalls aus.

> **MERKSATZ**
> Mangels Vorsatz erübrigt sich die Prüfung einer **Sachbeschädigung** gem. § 303 StGB. Eine Strafbarkeit wegen fahrlässiger Sachbeschädigung ist im StGB nicht vorhanden.
>
> Die **fahrlässige Sachbeschädigung** führt zwar selbstverständlich zu zivilrechtlichen Schadensersatzansprüchen. Das Strafrecht mit seinem fragmentarischen Charakter sanktioniert jedoch nicht jedes sozialethisch vorwerfbare Verhalten, sondern soll als ultima ratio nur dort wirken, wo die zivil- und verwaltungsrechtlichen Sanktionen nicht ausreichen.

fragmentarischer Charakter des Strafrechts

FALLENDE

D. Der Tatbestand des gefährlichen Eingriffs in den Straßenverkehr, § 315b StGB

I. GRUNDLAGEN
Der gefährliche Eingriff in den Straßenverkehr ist wie folgt zu prüfen:

PRÜFUNGSSCHEMA

Prüfungsschema
§ 315b StGB

I. Tatbestand
1. Verkehrsfremder Eingriff (1. Stufe)
2. Beeinträchtigung der Sicherheit des Straßenverkehrs (2. Stufe)
3. Gefährdung der genannten Rechtsgüter (3. Stufe)
4. Kausalität/Zurechnungszusammenhang („und dadurch")
5. Vorsatz bzgl. 1 – 4.
[6. FLK bzgl. Gefährdung wenn kein entspr. Vorsatz (§ 315b IV) oder reine FLK gem. Abs. 5]

II. Rechtswidrigkeit

III. Schuld

KLAUSURHINWEIS
Die Unterscheidung „objektiver" und „subjektiver" Tatbestand sollte hier – ebenso wie bei § 315c StGB – aufgegeben werden, da häufig ein Fall von Abs. 4 oder 5 vorliegt. Die Begriffe „1. bis 3. Stufe" dienen nur der Verdeutlichung. Diese bitte in der Klausur nicht in die Überschrift aufnehmen.

1. Der verkehrsfremde Eingriff/Die Tathandlungen (1. Stufe)
§ 315b StGB erfasst drei Varianten des Eingriffs in den Straßenverkehr: Die Nr. 1 erfasst das Beschädigen, Zerstören oder Beseitigen von Fahrzeugen oder Anlagen.

Definition: Anlagen

DEFINITION
Anlagen sind alle dem Verkehr dienenden Einrichtungen.

BEISPIELE: Verkehrszeichen, Ampeln, Absperrungen, aber auch die Straße selbst nebst ihrem dem Verkehr dienenden Zubehör (Gullydeckel).

> **DEFINITION**
> **Fahrzeuge** sind alle Beförderungsmittel ohne Rücksicht auf die Antriebsart.

Definition: Fahrzeuge

BEISPIELE: Straßenbahnen, Omnibusse, sonstige Kfz, Fahrräder, Inline-Skates, Ski, Rodelschlitten und fahrbares Kinderspielzeug (z.B. Tretroller).

Ein „typischer Fall" der Ziffer 1 ist z.B. gegeben, wenn bei einem parkenden Auto der Bremsschlauch durchschnitten wird oder die Radschrauben gelockert werden. Durch diesen Eingriff (1. Stufe) entsteht eine abstrakte Gefahr (2. Stufe), die sich schließlich zur konkreten Gefahr (3. Stufe) „verdichten" muss.

Das Bereiten von Hindernissen wird von der Nr. 2 erfasst.

> **DEFINITION**
> Ein **Hindernis** wird durch jede Einwirkung auf den Straßenkörper **bereitet**, die geeignet ist, den reibungslosen Verkehrsablauf zu hemmen oder zu stören.

Definition: Hindernis bereiten

BEISPIELE: Werfen eines großen Astes oder eines Autoreifens auf die Fahrbahn, Treiben von Tieren auf die Fahrbahn, plötzliches Abbremsen, um einen Auffahrunfall zu provozieren.

Generalklauselhaft ist die Nr. 3 gefasst. Ein „ähnlicher ebenso gefährlicher Eingriff" darf deshalb nur angenommen werden, wenn die Nummern 1 und 2 nicht eingreifen. Um eine hinreichende Tatbestandsbestimmtheit zu gewähren, ist die Auslegung am Gefährdungspotential der Nr. 1 und 2 zu orientieren.

Generalklausel

> **DEFINITION**
> Einen **ähnlichen** ebenso **gefährlichen Eingriff** stellen nur solche Verhaltensweisen dar, die unmittelbar auf einen Verkehrsvorgang einwirken und den in Nr. 1 und 2 genannten Tathandlungen der Art und Gefährlichkeit nach gleichwertig sind.

Definition: ähnlich gefährlicher Eingriff

BEISPIELE: Anbringen eines Einbahnstraßenschildes in entgegengesetzter Richtung, **Abziehen des Zündschlüssels** durch den Beifahrer während der Fahrt, wenn dies die **Lenkradsperre** auslöst und so die Steuerungslosigkeit des Fahrzeugs bewirkt; das Herabwerfen von Gegenständen von einigem Gewicht von einer Brücke auf fahrende Kfz (z.B. der „Holzklotz-Fall").

2. Beeinträchtigung der Sicherheit des Straßenverkehrs (2. Stufe)

Abstrakte Gefahr

Die Feststellung, dass durch eine der genannten Tathandlungen eine abstrakte Gefahr für den Straßenverkehr geschaffen wurde, bereitet in der Regel keine Probleme.

3. Gefährdung der genannten Rechtsgüter (3. Stufe)

Konkrete Gefahr

Unter einer konkreten Gefahr können nur **verkehrsspezifische Gefahren** verstanden werden. Dies sind nur solche, die – jedenfalls auch – auf die Wirkungsweise der für Verkehrsvorgänge typischen Fortbewegungskräfte (Dynamik des Straßenverkehrs) zurückzuführen sind.

BEISPIELE: Daran fehlt es, wenn **Schüsse** die Karosserie durchschlagen, ohne jedoch die Fahrsicherheit zu beeinträchtigen. Ebenso wenn der Fahrer bei durchschnittenem Bremsschlauch dies noch in der Tempo-30-Zone bei ebener Fahrbahn bemerkt und den Wagen unter Mithilfe der Handbremse ausrollen lassen kann. In Betracht kommt aber in beiden Fällen ein Versuch.

4. Zurechnungszusammenhang/Das Merkmal „und dadurch"

3-stufiger Tatbestand

> **MERKSATZ**
> Der Tatbestand gilt als **dreistufig**: Es wird verlangt, dass durch eine der genannten Tathandlungen **(1. Stufe)** eine abstrakte Gefahr geschaffen wird **(2. Stufe)**, die sich dann zur konkreten Gefahr „verdichtet" **(3. Stufe)**.

Gedankliche Trennbarkeit

Eine zeitliche Zäsur zwischen der abstrakten und der konkreten Gefahr ist nicht nötig. Es genügt, dass beide „**gedanklich trennbar**" („logische Sekunde") sind.

BEISPIEL: Der Täter wirft einen schweren Holzklotz von einer Autobahnbrücke auf ein herannahendes Kfz. Dieser durchschlägt die Windschutzscheibe und tötet die Beifahrerin.

Hier fehlt es an der gedanklichen Trennbarkeit zwischen der Beschädigung des Fahrzeugs (abstrakte Gefahr, 2. Stufe) und der konkreten Gefährdung der Beifahrerin (3. Stufe). Deshalb wird dieser Fall nicht von Nr. 2, wohl aber von Nr. 3 erfasst.

II. DER „VERKEHRSFEINDLICHE INNENEINGRIFF"

Auf Verkehrsvorgänge des fließenden oder ruhenden Verkehrs ist § 315b StGB grundsätzlich nicht anwendbar, da alle Verkehrsvorgänge, die wegen ihrer Gefährlichkeit als Vergehen erfasst werden sollen, durch den Katalog des § 315c Abs. 1 Nr. 2 a) bis g) StGB abschließend erfasst werden (sog. **„sieben Todsünden des Straßenverkehrs"**). Andere als die dort genannten Verhaltensweisen können deshalb nicht unter § 315b I StGB fallen.

Problem: Abgrenzung § 315c und § 315b StGB

Anwendung findet § 315b StGB dagegen auf Verkehrsvorgänge, die der Sache nach verkehrsfremde Eingriffe „von außen" darstellen.

Damit scheint es auf den ersten Blick kein Abgrenzungsproblem zwischen § 315b und § 315c StGB zu geben. Betrachtet man jedoch den Fall, dass der Autofahrer A mit seinem Wagen absichtlich seinen Feind, den Fußgänger F, anfährt, merkt man schnell, dass es auch Fälle geben kann, in denen ein Teilnehmer am Straßenverkehr einen verkehrsfremden Eingriff vornimmt. In diesem Fall, dem sog. „verkehrsfeindlichen Inneneingriff" stellt sich nun doch die Frage nach der Abgrenzung beider Normen.

> **MERKSATZ**
> Die Strafbarkeit gem. § 315b StGB beim **verkehrsfeindlichen Inneneingriff** setzt voraus, dass zu dem bewusst zweckwidrigen Einsatz des Fahrzeugs eine verkehrsfeindliche Einstellung hinzukommt, sodass der Täter das Fahrzeug mit zumindest bedingtem Schädigungsvorsatz, etwa als Waffe oder Schadenswerkzeug missbraucht; erst dann liegt eine über den Tatbestand des § 315c StGB hinausgehende und davon abzugrenzende verkehrstypische „Pervertierung" des Verkehrsvorgangs zu einem gefährlichen Eingriff in den Straßenverkehr vor. Ferner muss es sich um eine grobe Einwirkung von einigem Gewicht handeln.

§ 315b StGB durch einen Teilnehmer am Straßenverkehr

Dieses Problem wird im folgenden Fall näher behandelt.

FALL 8: „NICHTS WIE WEG"
Problemschwerpunkt: § 315b: Der verkehrsfeindliche Inneneingriff

Angelehnt an BGH, NJW 1972, 1960

Langfinger D, der schon vor Jahren seinen Führerschein verloren hat, befindet sich nach einer erneuten Diebestour mit einem gestohlenen Kfz auf der Flucht. Als Streifenpolizist S die Verfolgung aufnimmt, rammt D heftig dessen Fahrzeug, um sich durch die Flucht der Strafverfolgung wegen Diebstahls und Fahren ohne Fahrerlaubnis zu entziehen. Eine Verletzung des S nimmt er dabei in Kauf. Der Wagen des S driftet auf die Gegenfahrbahn und S kann nur mit größter Mühe einen Frontalzusammenstoß mit einem entgegenkommenden Fahrzeug verhindern. D flüchtet mit dem gestohlenen Kfz, um nun außerdem noch der Feststellung seiner Personalien zu entgehen. Eine Verletzung des S bleibt aus, jedoch entstand am Wagen ein Sachschaden i.H.v. 2.000 €.

Prüfen Sie die Strafbarkeit des D.

Bearbeitervermerk:
Unterstellen Sie, dass die Diensthandlung des S rechtmäßig war. Die §§ 242, 305a StGB, sowie § 21 StVG sind nicht zu prüfen.

A. Strafbarkeit des D gem. § 315b I, III i.V.m. § 315 III Nr. 1 a) StGB

D könnte sich wegen qualifizierten gefährlichen Eingriffs in den Straßenverkehr gem. § 315b I, III i.V.m. § 315 III Nr. 1 a) StGB strafbar gemacht haben, indem er einen Zusammenstoß mit dem Fahrzeug des S herbeiführte.

I. TATBESTAND GRUNDDELIKT

1. Verkehrsfremder Eingriff
Zunächst müsste es sich um einen verkehrsfremden Eingriff handeln.

> **KLAUSURHINWEIS**
>
> Die Prüfung des § 315b StGB in der Fallgruppe des **verkehrsfeindlichen Inneneingriffs** bereitet größere Probleme. Teilweise finden sich Lösungen, die sofort durch die Darstellung des Problems und der Abgrenzungsfrage zu § 315c StGB „mit der Tür ins Haus fallen". Hier soll jedoch diese Empfehlung gegeben werden: Prüfen Sie, dass überhaupt „an sich" eine der in § 315b StGB genannten Tathandlungen vorgenommen wurde und werfen Sie dann das Problem auf, das dies durch einen Teilnehmer am Straßenverkehr selbst passiert ist.

Gutachtenprobleme beim verkehrsfeindlichen Inneneingriff

a) Beschädigung eines Fahrzeuges, § 315b I Nr. 1 StGB

D könnte ein Fahrzeug i.S.d. § 315b I Nr. 1 StGB beschädigt haben. Zwar hat D durch die Kollision den von S gefahrenen Streifenwagen, mithin ein Fahrzeug, beschädigt. Jedoch ergibt sich aus dem Wortlaut des § 315b I StGB („und dadurch"), dass infolge der Beschädigung zunächst eine abstrakte Gefahr für Menschen oder Sachen von bedeutsamen Wert hervorgerufen werden muss, die sich dann zur konkreten Gefahr verdichtet. Hier ist jedoch die Besonderheit zu beachten, dass die Beschädigung des Fahrzeugs an sich nicht die konkrete Gefahr verursacht hat, sondern das Abkommen auf die Gegenfahrbahn. Dass der Wagen des S auf die Gegenfahrbahn abgekommen ist, lag jedoch nicht an der Beschädigung des Fahrzeugs, sondern an dem Rammen durch D an sich. Eine Strafbarkeit gem. § 315b I Nr. 1 StGB scheidet deshalb aus.

> **KLAUSURHINWEIS**
> Hier ist die Abgrenzung zu anderen Fallgruppen wichtig:
> Beim durchgeschnittenen Bremsschlauch ergibt sich die konkrete Gefahr dadurch, dass der Fahrer später (z.B. bei einem plötzlichen Hindernis) den Wagen nicht mehr abbremsen kann. Die konkrete Gefahr resultiert dann also direkt aus der Beschädigung des Fahrzeugs an sich. Dies ist hier nicht der Fall, da die konkrete Gefahr nicht aus der verbeulten Karosserie resultiert.

b) Bereiten eines Hindernisses, § 315b I Nr. 2 StGB

D könnte gem. § 315b I Nr. 2 StGB ein Hindernis bereitet haben, indem er das Fahrzeug des S rammte.

> **DEFINITION**
> Ein **Hindernis** wird durch jede Einwirkung auf den Straßenkörper **bereitet** (Nr. 2), die geeignet ist, den reibungslosen Verkehrsablauf zu hemmen oder zu stören.

Durch ein Verhalten aus dem Verkehr heraus bereitet der Verkehrsteilnehmer ein Hindernis, wenn er durch Zuwiderhandlung der Verkehrsregeln einem anderen absichtlich den Weg abschneidet, um diesem die Weiterfahrt unmöglich zu machen, oder um einen anderen Verkehrsteilnehmer am Überholen zu hindern. Dies ist hier jedoch nicht der Fall, da sich D dem S mit seinem Fluchtwagen nicht „in den Weg gestellt" hat, sondern er diesen vielmehr direkt gerammt hat. D hat somit kein Hindernis bereitet.

Vgl. BGH, NJW 1967, 2167, zum Fall des Hindernis am Überholen

c) Ähnlicher, ebenso gefährlicher Eingriff, § 315b I Nr. 3 StGB

Schließlich könnte D das Merkmal des ähnlichen, ebenso gefährlichen Eingriffs verwirklicht haben.

> **DEFINITION**
> Einen **ähnlichen** ebenso **gefährlichen Eingriff** stellen nur solche Verhaltensweisen dar, die unmittelbar auf einen Verkehrsvorgang einwirken und den in Nr. 1 und 2 genannten Tathandlungen der Art und Gefährlichkeit nach gleichwertig sind.

Vgl. BGH, NJW 1978, 2607

Ein solcher Eingriff ist gegeben, wenn der Täter bei Teilnahme am fließenden Straßenverkehr das Fahrzeug in verkehrsfeindlicher Einstellung bewusst zweckwidrig einsetzt. D hat das von ihm geführte Fahrzeug bewusst dazu eingesetzt, den S mit seinem Wagen abzudrängen und ihn an der Verfolgung zu hindern. Dies widerspricht dem Zweck, zu welchem ein Kfz im Straßenverkehr geführt wird. D hat somit „an sich" das Merkmal des ähnlichen, ebenso gefährlichen Eingriffs gemäß § 315b I Nr. 2 StGB verwirklicht.

„Eingriff"

Problematisch ist jedoch, dass § 315b StGB seinem Wortlaut nach grundsätzlich nur verkehrsfremde, von außen kommende Eingriffe erfasst. Widriges Verhalten im Straßenverkehr wird insofern lediglich von § 315c StGB erfasst. D hat den S im fließenden Verkehr mit dem gestohlenen Kfz gerammt, sodass § 315b StGB eigentlich nicht einschlägig wäre.

Vgl. BGH, NJW 1996, 203

Jedoch soll § 315b StGB in Ausnahmefällen dennoch anwendbar sein, wenn der Täter ein Verkehrsverhalten in verkehrsfeindlicher Absicht zu einem Eingriff in den Straßenverkehr pervertiert (sog. **verkehrsfremder Inneingriff**).

Verwenden Sie auch bei der Subsumtion alle drei gebräuchlichen Begriffe, die den verkehrsfeindlichen Inneingriff nach den verschiedenen Ansichten kennzeichnen.

Die Strafbarkeit gem. § 315b StGB beim verkehrsfeindlichen Inneingriff setzt voraus, dass zu dem bewusst zweckwidrigen Einsatz des Fahrzeugs eine verkehrsfeindliche Einstellung hinzukommt, sodass der Täter das Fahrzeug mit zumindest bedingtem **Schädigungsvorsatz**, etwa **als Waffe** oder Schadenswerkzeug missbraucht; erst dann liegt eine über den Tatbestand des § 315c StGB hinausgehende und davon abzugrenzende verkehrstypische „**Pervertierung**" des Verkehrsvorgangs zu einem gefährlichen Eingriff in den Straßenverkehr vor. Ferner muss es sich um eine grobe Einwirkung von einigem Gewicht handeln.

Hier hat D seinen Wagen gleichsam als „Rammbock" benutzt, um den Wagen des S abzudrängen, ihn also faktisch wie eine „Waffe" verwendet. Derartige Vorgänge sind nicht mehr typisch für die allgemeinen Gefahren des Straßenverkehrs und stellen insofern eine „Pervertierung" der Verkehrsteilnahme durch D dar. Hierbei handelte D auch nicht mehr mit bloßem Gefährdungsvorsatz, sondern bereits mit dem Vorsatz zur Schädigung. Schließlich hat D den S so massiv gerammt, dass dieser auf die Gegenfahrbahn abgekommen ist, sodass es sich auch um eine grobe Einwirkung von sogar erheblichem Gewicht gehandelt hat.

Es liegt mithin ein verkehrsfeindlicher Inneneingriff vor, der – ausnahmsweise – als interner Verkehrsvorgang dem § 315b StGB unterfällt.

> **KLAUSURHINWEIS**
> Das Kriterium des **Schädigungsvorsatzes** kommt aus der Rechtsprechung des BGH und soll den Aspekt der **„Pervertierung"** weiter konkretisieren. Viele prüfen dies erst im subjektiven Tatbestand, was zu dem Problem führt, dass die einheitliche Frage, ob ein interner Verkehrsvorgang ausnahmsweise unter § 315b subsumiert werden kann, im Gutachten „zerrissen" wird und im objektiven Tatbestand an dieser Stelle eigentlich kein abschließenden Ergebnis gefunden werden kann. Dies ist ein weiterer Grund für die oben bereits ausgesprochene Empfehlung, hier die Unterscheidung objektiver/subjektiver Tatbestand aufzugeben.

Gutachtenproblem: Schädigungsvorsatz

2. Beeinträchtigung der Sicherheit im Straßenverkehr
D müsste durch sein Handeln die Sicherheit im Straßenverkehr beeinträchtigt haben. Indem D den Wagen des S rammte und dieser in der Folge auf die Gegenfahrbahn abkam, hat D die Sicherheit im Straßenverkehr abstrakt beeinträchtigt.

3. Gefährdung der genannten Rechtsgüter
Des Weiteren müsste D Leib oder Leben eines anderen Menschen oder fremde Sachen von bedeutendem Wert gefährdet haben. Dabei muss es sich um eine konkrete Gefährdung handeln, sodass es nur vom Zufall abhängt, ob sich die Gefahr verwirklicht. Durch die von ihm herbeigeführte Kollision der Fahrzeuge hat D die Gefahr einer Verletzung von Leib oder Leben des S und auch des entgegenkommenden Fahrers geschaffen. S konnte den Frontalzusammenstoß nur mit großer Mühe verhindern, sodass es lediglich vom Zufall abhing, ob es zu einer Verletzung

Drohende Schadenshöhe von mindestens 750,- €; vgl. BGH RA 2012, 298, 299.

der gefährdeten Rechtsgüter kommt, die Gefahr also auch hinreichend konkret war. Zudem ist an dem gerammten Fahrzeug ein erheblicher Schaden (über § 750,- €) entstanden, mithin hat D eine fremde Sache von bedeutendem Wert beschädigt und folglich auch gefährdet.

MERKSATZ
Bei der Prüfung, ob einer fremden Sache von bedeutendem Wert auch ein **bedeutender Schaden** drohte, sind stets zwei durch entsprechende Feststellungen gestützte Prüfungsschritte erforderlich. Zunächst ist zu klären, ob es sich bei der gefährdeten Sache um eine solche von bedeutendem Wert handelte. Ist dies der Fall, so ist in einem zweiten Schritt zu prüfen, ob ihr auch ein bedeutender Schaden drohte, wobei ein tatsächlich entstandener Schaden geringer sein kann als der maßgebliche Gefährdungsschaden. Liegt der Schaden – wie hier – über der nach BGH **maßgeblichen Schwelle von 750,- €**, kann der erhebliche Sachschaden einfach festgestellt werden.

4. Kausalität und Zurechnungszusammenhang

Die konkrete Gefährdung muss durch die Tathandlung des D eingetreten sein. Das Rammen des Wagens des S kann nicht hinweggedacht werden, ohne dass der tatbestandsmäßige Erfolg, die Gefährdung des S sowie dessen Fahrzeug, entfiele und ist somit kausal iSd. Äquivalenztheorie.

Indes ergibt sich aus der doppelten Anknüpfung des Tatbestandsmerkmals der Beeinträchtigung der Sicherheit im Straßenverkehr sowohl an die tatbestandliche Gefährdungshandlung (§ 315b I Nr. 1-3 StGB) als auch den Gefährdungserfolg, dass lediglich eine äquivalente Kausalität zwischen tatbestandsmäßiger Handlung und Erfolg nicht ausreicht, sondern vielmehr ein zusätzlicher Zurechnungszusammenhang erforderlich ist.

Abstrakte Gefahr muss sich zur konkreten Gefahr verdichten

Es ist erforderlich, dass der Täter eine abstrakte Gefahr für die Sicherheit im Straßenverkehr schafft, die sich zu einer konkreten Gefahr für die genannten Rechtsgüter verdichtet. Eine zeitliche Differenz zwischen der Gefährdung der Sicherheit des Straßenverkehrs und der konkreten Gefährdung der Rechtsgüter eines anderen ist nicht nötig. Es genügt, dass beide Aspekte gedanklich trennbar sind. Der Zusammenstoß beider Fahrzeuge gefährdete zunächst abstrakt den ungestörten Verkehrsfluss und hat sich sodann in eine konkrete Gefährdung der Rechtsgüter des S verdichtet. Eine gedanklich trennbare Steigerung der abstrakten zur konkreten Gefährdung ist mithin gegeben, sodass der Zurechnungszusammenhang vorliegt.

5. Subjektiver Tatbestand
D müsste vorsätzlich gehandelt haben. Bezüglich des herbeigeführten Zusammenstoßes mit dem Wagen des S handelte er vorsätzlich, ebenso nahm er die Schädigung der Rechtsgüter des S und somit die konkrete Gefährdung billigend in Kauf. D hat das gestohlene Kfz bewusst verkehrswidrig, und zwar als Schädigungswerkzeug gegen den Wagen des S eingesetzt. Somit handelte er auch mit dem für die Annahme eines verkehrsfeindlichen Inneneingriffs zusätzlich erforderlichen Schädigungsvorsatz. Der subjektive Tatbestand ist damit ebenso verwirklicht.

> **KLAUSURHINWEIS**
> Aus bereits oben genannten Gründen kommt es jetzt an dieser Stelle zu einer „doppelten Erwähnung" des oben bereits festgestellten Schädigungsvorsatzes.

II. TATBESTAND DER QUALIFIKATION, § 315b I, III i.V.m. § 315 III Nr. 1 a) StGB
Des Weiteren könnte D den Qualifikationstatbestand § 315b I, III i.V.m. § 315 III Nr. 1 a) StGB verwirklicht haben. Dann müsste er in der Absicht gehandelt haben, einen Unglücksfall herbeizuführen.

> **DEFINITION**
> Ein **Unglücksfall** ist ein plötzliches Ereignis, das zu einem erheblichen Schaden führen kann.

Definition: Unglücksfall

D kam es gerade darauf an, mit dem Zusammenstoß die weitere Verfolgung des S verhindern und rammte ihn zu diesem Zweck heftig mit dem Kfz. Bei hoher Geschwindigkeit, die einer Verfolgungsjagd immanent ist, und bei Gegenverkehr drohen – wie hier – im schlimmsten Fall Frontalzusammenstöße, also erhebliche Schäden. Folglich handelte er auch absichtlich hinsichtlich der Herbeiführung eines Unglücksfalls.

III. RECHTSWIDRIGKEIT
Mangels entgegenstehender Rechtfertigungsgründe handelte D rechtswidrig.

IV. SCHULD
D handelte auch schuldhaft.

V. ERGEBNIS
Indem er einen Zusammenstoß mit dem Fahrzeug des S herbeiführte, hat sich D wegen qualifizierten gefährlichen Eingriffs in den Straßenverkehr gemäß § 315b I, III i.V.m. § 315 III Nr. 1 a) StGB strafbar gemacht.

B. Strafbarkeit des D gemäß § 303 I StGB
Durch den von D herbeigeführten Zusammenstoß hat dieser sowohl das Fahrzeug des S, als auch das von ihm geführte, gestohlene Kfz beschädigt. D hat sich somit wegen zweifacher Sachbeschädigung in Tateinheit gem. §§ 303 I, 52 StGB strafbar gemacht.

C. Strafbarkeit des D gem. § 113 I StGB
D könnte sich weiterhin wegen Widerstand gegen Vollstreckungsbeamte gemäß § 113 I StGB strafbar gemacht haben.

I. TATBESTAND

1. Objektiver Tatbestand
Bei dem Streifenpolizist S handelt es sich um einen Amtsträger gem. § 11 I Nr. 2 a) StGB, der zur Vollstreckung von Gesetzen und Verordnungen berufen ist. Bei der Verfolgung des D wegen eines vorangegangenen Diebstahls nahm S mit dem Versuch, den D zu stellen, auch eine rechtmäßige Vollstreckungshandlung vor.

Vollstreckungshandlung

> **MERKSATZ**
> § 113 I StGB nimmt Bezug auf die Vornahme einer „solchen" Diensthandlung. Das bedeutet, dass es sich zwingend um eine Vollstreckungshandlung handeln muss. Deshalb genügt nicht z.B. der Widerstand bei schlichter Überwachungs- und Ermittlungstätigkeit, bei allgemeinem Streifendienst oder bei Vernehmung eines Beschuldigten durch einen Polizeibeamten.

Durch das Herbeiführen des Zusammenstoßes leistete D mit Gewalt Widerstand i.S.d. § 113 I Var. 1 StGB.

2. Subjektiver Tatbestand
D handelte dabei in Kenntnis aller Tatumstände sowie mit dem Willen zur Tatbestandsverwirklichung, mithin vorsätzlich.

3. Rechtmäßigkeit der Diensthandlung
Die Diensthandlung des S war gem. Bearbeitervermerk rechtmäßig, § 113 III StGB.

> **KLAUSURHINWEIS**
>
> Die Rechtmäßigkeit der Diensthandlung ist nach h.M. eine sog. **"objektive Bedingung der Strafbarkeit"**. Das bedeutet, dass die Rechtmäßigkeit bloß objektiv vorliegen muss. Der Vorsatz des Täters muss sich hierauf nicht beziehen.
>
> Inhaltlich findet hier keine volle Rechtmäßigkeitsprüfung statt. Vielmehr gilt ein "strafrechtlicher Rechtmäßigkeitsbegriff": Es wird nur geprüft, ob der Vollstreckungsbeamte sachlich und örtlich zuständig war, ob er die wesentlichen Förmlichkeiten beachtet hat und ob Ermessensfehler vorliegen.

Objektive Bedingung der Strafbarkeit

II. RECHTSWIDRIGKEIT
D handelte rechtswidrig.

III. SCHULD
D handelte auch schuldhaft.

IV. REGELBEISPIEL DES § 113 II StGB

1. Waffe oder anderes gefährliches Werkzeug, § 113 II 2 Nr. 1 StGB
Fraglich ist, ob das von D zum Rammen verwendete Fahrzeug eine "Waffe" darstellt.

> **DEFINITION**
>
> **Gegenstände** sind nur dann Waffen i.S.v. § 113 II 2 Nr. 1 StGB, wenn ihre primäre Zweckbestimmung darin liegt, im Wege des Angriffs oder der Verteidigung zur Bekämpfung anderer eingesetzt zu werden, oder wenn eine solche Verwendung zumindest typisch ist.

Definition: Waffe (anders als z.B. bei der Körperverletzung)

Ein Kfz kann unter Anlegung dieses Maßstabs nicht als Waffe angesehen werden. Jedoch lässt sich das in der Absicht der Verwendung zur Herbeiführung eines Zusammenstoßes mitgeführte Kfz als ein anderes gefährliches Werkzeug i.S.d. § 113 II 2 Nr. 1 Var. 2 StGB klassifizieren. Da sich die Tat im Einzelfall auch als besonders gravierend darstellt, wird die Indizwirkung des Regelbeispiels bestätigt.

2. Gefahr des Todes oder schwerer Gesundheitsschädigung, § 113 II 2 Nr. 2 StGB

Dass dem vorsätzlich herbeigeführten Zusammenstoß zweier Fahrzeuge eine Todesgefahr oder zumindest die Gefahr einer schweren Gesundheitsschädigung innewohnt, lässt sich nicht per se annehmen. Denkbar ist zumindest auch, dass je nachdem an welcher Stelle das Fahrzeug des S getroffen wurde, dieser zu keiner Zeit einer solchen qualifizierten Gefahr ausgesetzt war. Mangels eindeutiger Angaben im Sachverhalt ist das Regelbeispiel des § 113 II 2 Nr. 2 StGB somit abzulehnen.

> **KLAUSURHINWEIS**
>
> Mit der richtigen Argumentation ist an dieser Stelle sicherlich auch eine andere Meinung vertretbar.
>
> Achten Sie jedoch darauf, dass Sie dem Täter in diesem Fall auch einen entsprechenden Vorsatz unterstellen müssen.

V. ERGEBNIS

D hat sich auch wegen Widerstand gegen Vollstreckungsbeamte im besonders schweren Fall gemäß § 113 I, II 2 Nr. 1 Var 2 StGB strafbar gemacht.

D. Strafbarkeit des D gemäß § 240 StGB

Zudem hat sich D wegen Nötigung gemäß § 240 StGB strafbar gemacht. Diese tritt jedoch wegen Spezialität des § 113 StGB hinter diesem zurück.

Privilegierende Spezialvorschrift im Vergleich zu § 240 StGB

> **MERKSATZ**
>
> § 113 I StGB ist im Verhältnis zu § 240 StGB ein **spezieller privilegierender Tatbestand**. Zwar haben beide Normen den gleichen Strafrahmen, der privilegierende Charakter ergibt sich jedoch aus der Tatsache, dass gem. § 113 StGB nur bestraft werden kann wenn mit Gewalt gedroht wird und nur, wenn die Diensthandlung rechtmäßig war. Sofern der Regelungsbereich des § 113 StGB – also ein Widerstand gegen einen Vollstreckungsbeamten – betroffen ist, scheidet ein Rückgriff auf § 240 StGB grundsätzlich aus. Dies gilt auch dann, wenn § 113 StGB gar nicht eingreift, z.B. weil dem Vollstreckungsbeamten bloß mit einem empfindlichen Übel gedroht wird, oder weil die Vollstreckungshandlung rechtswidrig war.

E. Strafbarkeit des D gem. § 142 I Nr. 1 StGB
Indem D nach dem Zusammenstoß mit S seine Flucht fortsetzte, könnte er sich schließlich wegen unerlaubtem Entfernen vom Unfallort gem. § 142 I Nr. 1 StGB strafbar gemacht haben.

Unerlaubtes Entfernen vom Unfallort, § 142 I StGB

PRÜFUNGSSCHEMA

Prüfungsschema
§ 142 StGB

- **I. Tatbestand**
  - **1. Objektiver Tatbestand**
    - **a) Unfall im Straßenverkehr**
    - **b) Unfallbeteiligter i.S.v. § 142 V StGB**
    - **c) Abs. 1: Sich-Entfernen vom Unfallort, bevor**
      - **aa) Nr. 1: Täter bei anwesenden feststellungsbereiten Personen seine Vorstellungs- und Anwesenheitspflicht erfüllt hat**
      - **bb) Nr. 2: bei nicht anwesenden feststellungsbereiten Personen die Wartefrist abgelaufen ist**
    - **d) Abs. 2: Sich-Entfernt-Haben vom Unfallort**
      - **aa) Nr. 1: nach Ablauf der Wartefrist**
      - **bb) Nr. 2: berechtigt oder entschuldigt**
      - **cc) und Verletzung des Gebots, die Feststellungen unverzüglich nachträglich zu ermöglichen**
  - **2. Subjektiver Tatbestand**
- **II. Rechtswidrigkeit**
- **III. Schuld**

I. TATBESTAND

1. Objektiver Tatbestand

a) Unfall im Straßenverkehr
Es müsste sich bei dem Zusammenstoß um einen Unfall im Straßenverkehr gehandelt haben.

STRASSENVERKEHRSDELIKTE

Definition: Unfall im Straßenverkehr

DEFINITION
Ein **Unfall** im Straßenverkehr ist ein plötzliches Ereignis, das mit den typischen Gefahren des Straßenverkehrs zusammenhängt und unmittelbar zu einem nicht völlig belanglosen Personen- oder Sachschaden führt.

Ob die zielgerichtete Herbeiführung des Zusammenstoßes einen Unfall i.S.d. § 142 I StGB darstellt, ist umstritten.

M.M.

Einer Ansicht nach liegt bei einem zielgerichteten Zusammenstoß kein Unfall vor. Es realisiere sich in einem solchen Fall nicht die typische Gefahr des Straßenverkehrs. Zudem könne man in diesem Fall nicht von einem plötzlichen Ereignis reden.
Dieser Ansicht nach käme eine Strafbarkeit des D gemäß § 142 I StGB nicht in Betracht.

H.M.
Vgl. BGHSt 24, 382

Einer Gegenansicht nach ist auch im Falle eines vorsätzlich herbeigeführten Zusammenstoßes ein Unfall i.S.d. § 142 I StGB gegeben. Zumindest für den Geschädigten handele es sich um ein plötzliches, ungewolltes Ereignis, bei dem sich die typische Verkehrsgefahr realisiere. Zwar müsse im vorliegenden Fall ein Polizist bei einer solchen Verfolgung mit einem Zusammenstoß rechnen, wollen würde er dies allerdings nicht. Auch habe er keinen Einfluss darauf ob und vor allem wann es passiert, sodass auch von einem plötzlichen Ereignis ausgegangen werden könne.
Dieser Ansicht nach spricht das vorsätzliche Handeln des D nicht gegen eine Strafbarkeit gemäß § 142 I StGB.

Stellungnahme

Die Ansichten kommen zu unterschiedlichen Ergebnissen, ein Streitentscheid ist mithin erforderlich. Gegen die erstgenannte Ansicht spricht, dass ein Vorsatztäter in Folge der Nichtanwendung des § 142 I StGB im Schuldspruch weniger als Verkehrsstraftäter gekennzeichnet werden würde als ein Fahrlässigkeitstäter. Der ersten Ansicht kann jedoch zumindest vom allgemeinen Wortgebrauch dann gefolgt werden, wenn der Täter das Fahrzeug ausschließlich als Werkzeug gegen das Opfer einsetzt, da sich insofern nicht die Gefahr des Straßenverkehrs, sondern vielmehr das allgemeine Lebensrisiko, Opfer einer Straftat zu werden, verwirklicht. Der vorliegende Fall liegt jedoch anders. D hat das gestohlene Kfz primär zur Flucht und damit als Fortbewegungsmittel genutzt.
Weiterhin spricht der Sinn und Zweck der Norm für die letztgenannte

Ansicht. Sinn und Zweck des § 142 I StGB ist, die Durchsetzung zivilrechtlicher Schadensersatzansprüche und Feststellungsinteressen. Für das Opfer macht es bei der Sicherung seiner Ansprüche jedoch keinen Unterschied, ob der Täter nur fahrlässig oder gar vorsätzlich gehandelt hat. Zudem kann ein vorsätzlich handelnder Täter billigerweise nicht günstiger behandelt werden als derjenige, der einen Unfall fahrlässig herbeiführt. Die besseren Argumente sprechen für die letztgenannte Ansicht, es handelt sich somit um einen Unfall i.S.d. § 142 I StGB.

> **MERKSATZ**
> Liegt bei allen Unfallbeteiligten Vorsatz vor, z.B. beim gestellten Unfall, um die **Versicherung zu betrügen**, fehlt es am „plötzlichen Ereignis", weshalb kein Unfall mehr gegeben ist.

b) Unfallbeteiligter i.S.v. § 142 V StGB
D ist als Verursacher des Zusammenstoßes Unfallbeteiligter i.S.v. § 142 V StGB.

c) Sich-Entfernen vom Unfallort
Indem D seine Flucht unverzüglich fortgesetzt hat, hat er sich vom Unfallort entfernt, ohne zugunsten der anderen Unfallbeteiligten seine Daten feststellen zu lassen und damit sowohl seine Anwesenheits- als auch seine Vorstellungspflicht gem. § 142 I Nr. 1 StGB verletzt.

2. Subjektiver Tatbestand
D setzte seine Flucht gerade auch zu dem Zwecke fort, der Feststellung seiner Personalien zu entgehen. Er handelte folglich sogar mit Absicht (dolus directus 1. Grades).

II. RECHTSWIDRIGKEIT
Mangels entgegenstehender Rechtfertigungsgründe handelte D rechtswidrig.

III. SCHULD
D handelte auch schuldhaft.

IV. ERGEBNIS
Indem D nach dem Zusammenstoß mit S seine Flucht fortsetzte, hat er sich wegen unerlaubten Entfernens vom Unfallort gem. § 142 I StGB strafbar gemacht.

F. Gesamtergebnis
D hat sich gem. §§ 315b I, III i.V.m. § 315 III Nr. 1 a), 303 I, 113 I, II Nr. 1 Var. 2, 52 StGB strafbar gemacht, indem er mit einem gestohlenen Kfz einen Zusammenstoß mit dem Wagen des S herbeiführte. Das sich anschließende Entfernen vom Unfallort nach § 142 I StGB, steht hierzu aufgrund eines neuen Entschlusses in Tatmehrheit, § 53 StGB.

FALLENDE

BRANDSTIFTUNGSDELIKTE

A. Einführung

Die Brandstiftungsdelikte sind – schon nach der Gesetzesüberschrift – **gemeingefährliche Straftaten**. Allerdings ist die genaue Struktur und Schutzrichtung der verschiedenen Brandstiftungsdelikte überaus streitig. Die §§ 306 und 306a StGB stellen Grunddelikte dar. Für beide gilt die Erfolgsqualifikation des § 306b I StGB, wohingegen die echte Qualifikation des § 306b II StGB nur für § 306a StGB gilt. Die Brandstiftung mit Todesfolge, § 306c StGB, ist eine Erfolgsqualifikation, die alle genannten Tatbestände qualifiziert.

Die verschiedenen Tatbestände

Alle Delikte sind **Verbrechen**, können also versucht werden, wie auch der Versuch der Beteiligung, **§ 30 StGB**, möglich ist.

Verbrechen

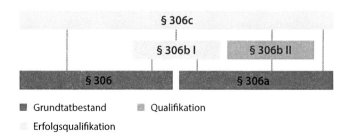

- Grundtatbestand
- Qualifikation
- Erfolgsqualifikation

Die Brandstiftungsdelikte verdrängen den § 303 StGB und bei Zerstörung eines Gebäudes durch Brandstiftung auch den § 305 StGB (Gebäudezerstörung). Sofern es um die Einrichtungsgegenstände geht, liegt eine eigenständige Rechtsgutverletzung vor, die gem. § 52 StGB zu den Brandstiftungsdelikten in Tateinheit tritt.

Das Verhältnis zu anderen Delikten

Das geschützte **Rechtsgut** kann bei den Brandstiftungsdelikten nicht einheitlich benannt werden.

Das geschützte Rechtsgut

§ 306 StGB ist nach h.M. ein atypischer Spezialfall der **Sachbeschädigung**. Präziser betrachtet besteht das Unrecht in der Kombination von Eigentumsverletzung und gemeingefährlicher Verletzungshandlung, nämlich in dem Entfachen eines unkontrollierbaren Feuers. Somit dürfte es sich um ein Sachbeschädigungsdelikt mit gemeingefährlichem Charakter handeln.

§ 306 StGB

§ 306a I StGB bezweckt den Schutz des Lebens und der Gesundheit von

§ 306a StGB

Menschen, **§ 306a II StGB** schützt ausschließlich die **Gesundheit**. Als Ausdruck der unterschiedlichen Gefährdungsstufen enthält § 306a StGB die Zusammenführung zweier unterschiedlicher Gefährdungsdelikte innerhalb einer Norm, nämlich in Abs. 1 ein **abstraktes** und in Abs. 2 ein **konkretes Gefährdungsdelikt**.

§ 306b StGB

§ 306b StGB hat je nach Tatbestand unterschiedliche Schutzrichtungen: Abs. 1 schützt die Gesundheit. Abs. 2 Nr. 1 schützt das Leben, Abs. 2 Nr. 2 sanktioniert den gesteigerten Intentionsunwert, die Verknüpfung von Unrecht mit neuem Unrecht und Abs. 2 Nr. 3 sanktioniert die Intensivierung der Gemeingefahr.

§ 306c StGB

§ 306c StGB schützt das **Leben**.

Die Tatbestandsvoraussetzungen

Alle Brandstiftungsdelikte basieren auf einer Inbrandsetzung oder auf einer Brandlegung, die zu einer gänzlichen oder teilweisen Zerstörung des Tatobjekts geführt hat.

B. Der Tatbestand der Grunddelikte, §§ 306, 306a StGB

I. GRUNDLAGEN

Die Prüfung der vorsätzlichen Brandstiftung nach § 306 I StGB ist wie folgt aufzubauen:

PRÜFUNGSSCHEMA

I. Tatbestand
  1. Objektiver Tatbestand
    a) Taugliches Tatobjekt
    b) Tathandlung: Inbrandsetzen oder Brandlegung
  2. Subjektiver Tatbestand
II. Rechtswidrigkeit
III. Schuld

Prüfungsschema für § 306a StGB

KLAUSURHINWEIS

Vom Schema her identisch ist § 306a I StGB aufzubauen. Bei § 306a II StGB ist unter I. 1. der Punkt c) hinzuzufügen: „Gefahr der Gesundheitsschädigung eines anderen Menschen".

Die grundlegenden Problembereiche der Brandstiftungsdelikte werden am Einführungsfall „Warm saniert" dargestellt.

FALL 9: "WARM SANIERT"

SACHVERHALT

FALL 9: "WARM SANIERT"
Problemschwerpunkt: Brandstiftung, um die Versicherung zu betrügen

E ist Eigentümer eines kleinen freistehenden Hauses. Die kleine Einliegerwohnung ist an M vermietet.
Da das alte Haus immer baufälliger wird und E die finanziellen Mittel für eine Renovierung fehlen, entschließt er sich dazu, das Haus anzuzünden, um seine Feuerversicherung zu betrügen. Aus der hohen Versicherungssumme will er den Neubau finanzieren.

Zur Tat stiftet E seinen Kumpel K an, damit er, E, am Tattag ein Alibi hat. Zur Belohnung soll K einen Teil der Versicherungssumme erhalten.

Als sich M in Urlaub und E in seiner Stammkneipe befindet, schreitet K zur Tat. Er geht zwar nach einer entsprechenden Mitteilung durch E davon aus, dass die Freundin des M, die diesen häufig besucht, mit M gemeinsam in Urlaub gefahren ist, dennoch will er auf Nummer sicher gehen. Er klingelt über fünf Minuten lang mehrfach an der Tür des M und ruft und klopft. Als sich niemand rührt, geht er - zutreffend - davon aus, dass sich niemand in der Wohnung befindet.

Er legt Feuer und das Haus brennt bis auf die Grundmauern nieder.

Wie hat sich K strafbar gemacht?

A. Strafbarkeit des K gemäß § 306 I Nr. 1 StGB

LÖSUNG

K könnte sich wegen Brandstiftung gemäß § 306 I Nr. 1 StGB strafbar gemacht haben, indem er ein Feuer legte und das Haus des E niederbrannte.

I. TATBESTAND

1. Objektiver Tatbestand

a) Taugliches Tatobjekt
Bei dem Tatobjekt könnte es sich um ein Gebäude gemäß § 306 I Nr. 1 StGB handeln, dieses müsste zudem in fremdem Eigentum stehen.

Definition: Gebäude

> **DEFINITION**
> Ein **Gebäude** ist ein durch Wände und Dach begrenztes, fest mit dem Erdboden verbundenes Bauwerk, das den Eintritt von Menschen gestattet.

Dies ist bei dem kleinen freistehenden Haus des E der Fall, sodass es sich dabei um ein Gebäude handelt. E ist Alleineigentümer des Hauses, mithin war dieses auch für K fremd.

> **KLAUSURHINWEIS**
> Der Gebäudebegriff sei an der Stelle nur der Übersicht halber in dieser Ausführlichkeit dargestellt. Bei der evidenten Feststellung, dass es sich bei einem Haus um ein Gebäude handelt, ist eine kurze „Indem-Subsumtion" ausreichend.

b) Inbrandsetzen
Als taugliche Tathandlung kommt ein Inbrandsetzen in Betracht.

Definition: In Brand setzen

Definition: Wesentliche Bestandteile

> **DEFINITION**
> Die tauglichen Tatobjekte sind **in Brand gesetzt**, wenn ein wesentlicher Teil derart vom Feuer erfasst ist, dass er aus eigener Kraft (d.h. ohne Fortwirken des Zündstoffes) weiter brennt.
>
> **Wesentliche Bestandteile** sind gemäß § 93 BGB Bestandteile einer Sache, die nicht voneinander getrennt werden können, ohne dass der eine oder andere zerstört oder in seinem Wesen verändert wird.

K hatte das Feuer so gelegt, dass wesentliche Bestandteile des Hauses derart vom Feuer erfasst wurden, dass es bis auf die Grundmauern niederbrannte. K hat das Haus des E mithin in Brand gesetzt.

2. Subjektiver Tatbestand
Dabei handelte K in Kenntnis aller Tatumstände sowie mit dem Willen zur Tatbestandsverwirklichung, mithin vorsätzlich.

II. RECHTSWIDRIGKEIT
Des Weiteren müsste K rechtswidrig gehandelt haben. Möglicherweise könnte K jedoch durch eine die Rechtswidrigkeit ausschließende Einwilligung seitens des E gerechtfertigt sein.

1. Rechtfertigende Einwilligung

a) Dispositionsbefugnis
Zur Annahme einer rechtfertigenden Einwilligung müsste § 306 StGB ein Rechtsgut schützen, das zur Disposition des Einwilligenden steht. § 306 StGB schützt zunächst das Eigentum. Jedoch erscheint es vor dem Hintergrund der Stellung der Norm im Abschnitt über gemeingefährliche Straftaten fraglich, ob neben dem Eigentum auch die Allgemeinheit vor den spezifischen Gefahren eines Brandes geschützt werden soll. Hiergegen spricht, dass es sich bei einer Brandstiftung um einen Spezialfall der Sachbeschädigung handelt. Im Übrigen ist bei § 306 I StGB – anders als bei §§ 306a ff. StGB – der sein Eigentum in Brand setzende Eigentümer straffrei, sodass es nur konsequent ist, dass dieser auch sein Eigentum straffrei in Brand setzen lassen kann. E ist als Alleineigentümer Inhaber des Rechtsgutes Eigentum an dem Haus, über das er frei disponieren kann.

Problem: Dispositionsbefugnis

b) Einwilligungserklärung
Die Einwilligung müsste vor der Tat ausdrücklich oder konkludent frei von Willensmängeln erklärt worden sein, darüber hinaus müsste der Einwilligende auch zur Einwilligung fähig gewesen sein.
Indem E den K anstiftete, sein Haus anzuzünden, hatte er die Einwilligung vor der Tat erklärt. Diese Einwilligung war mangels entgegenstehender Angaben auch frei von Willensmängeln. Des Weiteren war E auch fähig, die Bedeutung und Folgen der Einwilligung zu erkennen und nach dieser Einsicht zu handeln. Eine Einwilligungserklärung liegt mithin vor.

c) Keine Sittenwidrigkeit der Tat, § 228 StGB
Man könnte der Auffassung sein, dass die Einwilligung des E unter Bezugnahme auf den Rechtsgrundsatz des § 228 StGB wegen Sittenwidrigkeit unwirksam war, erfolgte die Brandlegung doch mit dem Zweck, dem E die Summe aus der Feuerversicherung zu sichern. Hierzu müsste der Rechtsgrundsatz des § 228 StGB auf andere Tatbestände übertragbar sein. Jedoch bezieht sich § 228 StGB dem Wortlaut nach alleine auf die Körperverletzung, sodass eine Ausweitung dessen einen Verstoß gegen das strafrechtliche Analogieverbot darstellen würde. Der Rechtsgrundsatz des § 228 StGB ist somit nicht auf den Tatbestand der Brandstiftung übertragbar, eine Sittenwidrigkeit wegen § 228 StGB scheidet daher aus.

§ 228 StGB ist nicht analogiefähig

d) Subjektives Rechtfertigungselement
Indem K von E zur Tat angestiftet wurde, handelte er auch in Kenntnis und aufgrund der Einwilligung.

K ist somit durch die Einwilligung des E gerechtfertigt.

III. ERGEBNIS
K hat sich nicht wegen Brandstiftung gemäß § 306 I Nr. 1 StGB strafbar gemacht, indem er eine Feuer legte und das Haus des E niederbrannte.

> § 306a StGB stellt mit Abs. 1 als abstraktem und Abs. 2 als konkretem Gefährdungsdelikt ein weiteres Grunddelikt neben § 306 StGB dar.

B. Strafbarkeit des K gemäß §§ 306a I Nr. 1, 306b II Nr. 2 StGB
K könnte sich wegen besonders schwerer Brandstiftung gemäß §§ 306a I Nr. 1, 306b II Nr. 2 StGB strafbar gemacht haben, indem er ein Feuer legte und das Haus des E niederbrannte.

I. SCHWERE BRANDSTIFTUNG, § 306a I Nr. 1 StGB

1. Objektiver Tatbestand

a) Taugliches Tatobjekt
Wie bereits dargelegt, handelt es sich bei dem Haus des E um ein Gebäude.

> § 306a StGB verlangt keine Fremdheit

> **MERKSATZ**
> Im Gegensatz zu § 306 StGB ist eine Fremdheit des Tatobjekts in § 306a StGB nicht erforderlich. Das ergibt sich schon aus dem Wortlaut. Bei Abs. 2 ist zu beachten, dass sich die Verweisung explizit nur auf die Nummern 1 – 6 des § 306 I StGB bezieht, das Merkmal „fremd" aber gerade vor der Nr. 1 steht, also von der Verweisung nicht erfasst ist.

> Begriff der Widmung

b) Zur Wohnung von Menschen dienend
Weiterhin müsste das Haus der Wohnung von Menschen dienen. Dies ist der Fall, wenn die Räume – unter Umständen auch gegen den Willen des Berechtigten – tatsächlich als Wohnung benutzt werden.

MERKSATZ
Die Widmung ist also ein rein tatsächlicher Akt. Unerheblich ist hingegen die Frage nach einem wirksamen Mietvertrag. So dient auch ein besetztes Haus der Wohnung von Menschen.

Das Aufgeben der Wohnung lässt dieses Merkmal allerdings entfallen (sog. **Entwidmung**). Erforderlich ist hierzu ein übereinstimmender Wille aller, das Gebäude als örtlichen Lebensmittelpunkt nicht mehr nutzen zu wollen. E hat die Wohnung aufgegeben, dies konnte auch konkludent durch in Brand setzen oder Beauftragung hierzu geschehen. M war zwar urlaubsbedingt abwesend, jedoch lässt eine vorübergehende Abwesenheit, auch für längere Zeit, die Wohnungseigenschaft nicht entfallen. M hatte die Wohnung nicht aufgegeben, das Haus des E dient somit nach wie vor der Wohnung von Menschen.

Begriff der Entwidmung

Fraglich ist, ob § 306a I Nr. 1 StGB selbst dann Anwendung findet, wenn eine Gefährdung von Menschen objektiv ausgeschlossen ist. Aufgrund des hohen Strafrahmens erscheint zunächst eine teleologische Reduktion geboten. Jedoch handelt es sich bei § 306a I Nr. 1 StGB um ein abstraktes Gefährdungsdelikt, sodass es unerheblich ist, ob sich zur Tatzeit Menschen in den Räumlichkeiten befanden oder nicht. Dies wird jedenfalls dann angenommen, wenn sich der Täter keine Gewissheit über die Abwesenheit aller darin Wohnenden verschafft hat. K wusste zwar von E, dass sich M im Urlaub befindet. Auch ging er nach entsprechender Mitteilung des E davon aus, dass die Freundin des M diesen begleitete. Schließlich klingelte, klopfte und rief K fünf Minuten lang an der Tür des M um sich Sicherheit zu verschaffen. Zwar ging K zutreffend davon aus, dass sich niemand mehr in der Einliegerwohnung befand, Gewissheit konnte er jedoch nicht haben. Eine Gewissheit wird für den Täter nur bei einräumigen Gebäuden oder Hütten ohne Keller angenommen, sofern er hierzu Zugang hat. Das Haus des E hatte mehrere Wohnungen und Zimmer, es bestand zumindest die Möglichkeit, dass sich noch immer jemand von K unbemerkt in dem Haus aufhielt. Die für § 306a I Nr. 1 StGB erforderliche abstrakte Gefahr bestand somit.

Kontrollgang: Teleologische Reduktion?

c) Inbrandsetzen

Wie bereits festgestellt, hatte K das Feuer so gelegt, dass wesentliche Bestandteile des Hauses derart vom Feuer erfasst wurden, sodass sie aus eigener Kraft weiterbrannten. K hat das Haus des E mithin in Brand gesetzt.

2. Subjektiver Tatbestand
Dabei handelte K in Kenntnis aller Tatumstände sowie mit dem Willen zur Tatbestandsverwirklichung, mithin vorsätzlich.

3. Qualifikation, § 306b II Nr. 2 StGB

a) Besondere Absicht gem. § 306b II Nr. 2 StGB

strafschärfendes besonderes persönliches Merkmal i.S.d. § 28 II StGB

K müsste in der Absicht gehandelt haben, eine andere Straftat zu ermöglichen. In Betracht käme ein Betrug zu Lasten der Versicherung. Gemäß § 81 I VVG hat der Versicherungsnehmer keinen Anspruch auf Auszahlung der Versicherungssumme, wenn er den Versicherungsfall vorsätzlich herbeigeführt hat.

BGH, 10.05.2011, 4 StR 659/10, RA 2011, 493

> **MERKSATZ**
> Bei einem Betrug als „andere Straftat" muss ein **rechtswidriger** Vermögensvorteil beabsichtigt sein. Dies ist nicht der Fall, wenn der Begünstigte nichts davon weiß und den Schaden rechtmäßig geltend macht.

E setzte das Haus zwar nicht selbst in Brand, jedoch wirkte er mit K kollusiv zusammen. Folglich hatte E seinen Versicherungsanspruch verloren, sodass die Geltendmachung des Schadens einen Betrug dargestellt hätte. E kam es auch gerade darauf an.

Betrug als zu ermöglichende Straftat

Fraglich ist indes, ob ein Betrug zu Lasten der Versicherung eine andere Straftat i.S.d. § 306b II Nr. 2 StGB darstellt.
Einer Auffassung nach bedarf es wegen des hohen Strafrahmens des § 306b II StGB einer restriktiven Auslegung. Es müssten gerade die spezifischen Auswirkungen der durch die Brandstiftung begründeten Gemeingefahr ausgenutzt werden. Dies fordere einen unmittelbar räumlichen und zeitlichen Zusammenhang zwischen Brandlegung und der zu ermöglichenden Straftat. Die Täuschungshandlung des Betrugs gemäß § 263 StGB zu Lasten der Versicherung sollte jedoch erst nachdem das Haus abgebrannt war vorgenommen werden. Die spezifischen Auswirkungen der Gemeingefahr (Verwirrung, Panik) würden hierdurch nicht ausgenutzt. Dieser Auffassung nach stellt ein Betrug zu Lasten der Versicherung keine andere Straftat i.S.d. § 306b II Nr. 2 StGB dar.

BGH, 22.4.2008, 3 StR 74/08

Einer anderen Auffassung nach ist eine restriktive Auslegung nicht erforderlich. Ein Betrug zu Lasten der Versicherung wäre dieser Auffassung nach eine andere zu ermöglichende Straftat i.S.d. § 306b II Nr. 2 StGB.

b) Zwischenergebnis

Die Auffassungen kommen zu unterschiedlichen Ergebnissen, ein Streitentscheid ist mithin erforderlich. Die erstgenannte Auffassung führt neben dem hohen Strafrahmen zur Begründung den früheren Wortlaut „Ausnutzen zur Begehung" der Qualifikation an. Jedoch entspricht der jetzige Wortlaut bzgl. der Ermöglichungsabsicht demjenigen des § 211 StGB. Bei diesem wird allerdings auch nicht gefordert, dass eine spezielle räumliche und zeitliche Verknüpfung der Tötungshandlung oder deren speziellen Folgen mit der Begehung der anderen Straftat besteht oder ausgenutzt werden soll. Zudem ergibt sich die erhöhte Verwerflichkeit und damit die Rechtfertigung des hohen Strafrahmens aus der Bereitschaft des Täters, zur Durchsetzung krimineller Zwecke das Verbrechen der Brandstiftung zu begehen. Die besseren Argumente sprechen für die letztgenannte Auffassung, folglich kommt § 263 gegenüber der Versicherung als zu ermöglichende Straftat in Betracht.

> **MERKSATZ**
> **Zur Ermöglichung einer anderen Straftat** muss eine von der Brandstiftungshandlung verschiedene Handlung – nicht bloß ein verschiedener Straftatbestand – vorliegen. Dies ist zum Beispiel bei §§ 265, 303, 305 StGB nicht der Fall.

BGH, NJW 2007, 2130, 2131, RA 2007, 387, 389

II. RECHTSWIDRIGKEIT

In Betracht kommt auch hier eine Rechtfertigung durch Einwilligung. Da es sich jedoch bei den Tatobjekten der §§ 306a I Nr. 2, 306b II Nr. 2 StGB nicht um fremde Gebäude handelt, fehlt dem Eigentümer insoweit die Dispositionsbefugnis, weshalb eine Einwilligung ausscheidet. K handelte rechtswidrig.

III. SCHULD

K handelte auch schuldhaft.

IV. ERGEBNIS

K hat sich wegen besonders schwerer Brandstiftung gemäß §§ 306a I Nr. 2, 306b II Nr. 2 StGB strafbar gemacht, indem er das Haus des E niederbrannte.

C. Strafbarkeit des K gemäß § 305 I StGB
K könnte sich wegen Bauwerkszerstörung gemäß § 305 I StGB strafbar gemacht haben, indem er das Haus des E niederbrannte.

I. TATBESTAND

1. Objektiver Tatbestand

a) Fremdes Gebäude
Bei dem Haus des E handelt es sich um ein für K fremdes Gebäude.

b) Teilweise Zerstören
K müsste das Gebäude ganz oder teilweise zerstört haben.

> **DEFINITION**
> Ein Bauwerk ist **zerstört**, wenn es zu einer Beseitigung der Eignung zur bestimmungsgemäßen Verwendung für eine nicht unbeträchtliche Zeit gekommen ist.

Für eine teilweise Zerstörung reicht es bereits aus, wenn einzelne Gebäudeteile, die die Zweckbestimmung erfüllen, mittels Substanzeinwirkung unbrauchbar gemacht werden. Das Haus des E ist bis auf die Grundmauern niedergebrannt, sodass die Eignung zur bestimmungsgemäßen Verwendung auf Dauer beseitigt ist. K hat das Haus des E ganz zerstört.

2. Subjektiver Tatbestand
K handelte in Kenntnis aller Tatumstände sowie mit dem Willen zur Tatbestandsverwirklichung, mithin vorsätzlich.

II. RECHTSWIDRIGKEIT
Wie bereits vorstehend geprüft hat E in die Zerstörung seines Hauses als Alleineigentümer eingewilligt. K handelte somit aufgrund der rechtfertigenden Einwilligung des E nicht rechtswidrig.

III. ERGEBNIS
K hat sich nicht wegen Bauwerkszerstörung gemäß § 305 I StGB strafbar gemacht, indem er das Haus des E niederbrannte.

D. Strafbarkeit des K gemäß § 303 I StGB bzgl. des Hauses
Eine Strafbarkeit wegen Sachbeschädigung scheitert ebenfalls an der Einwilligung des E.

E. Strafbarkeit des K gemäß § 303 I StGB bezüglich der Einrichtungsgegenstände
Ebenso ist eine Sachbeschädigung bezüglich der Einrichtungsgegenstände des E mangels Rechtswidrigkeit nicht gegeben. Allerdings liegt keine Einwilligung des M vor, weshalb bzgl. seiner Einrichtungsgegenstände § 303 I StGB verwirklicht ist.

F. Strafbarkeit des E gemäß § 265 I StGB
K könnte sich wegen Versicherungsmissbrauchs gemäß § 265 I StGB strafbar gemacht haben, indem er das Haus des E niederbrannte.

I. TATBESTAND
Durch Inbrandsetzen des Hauses hat K eine gegen Beschädigung versicherte Sache vorsätzlich beschädigt, um einen Dritten - nämlich E - Leistungen aus der Versicherung zu verschaffen. Damit hat K den Tatbestand des § 265 I StGB vorsätzlich erfüllt.

II. RECHTSWIDRIGKEIT
K handelte rechtswidrig.

III. SCHULD
Sein Handeln war auch schuldhaft.

IV. ERGEBNIS
K hat sich wegen Versicherungsmissbrauchs gemäß § 265 I StGB strafbar gemacht, indem er das Haus des E niederbrannte.

G. Konkurrenzen
§ 265 I StGB steht zu §§ 306a I Nr. 1, 306b II Nr. 2 StGB in Tateinheit. K hat sich somit gemäß §§ 306a I Nr. 1, 306b II Nr. 2, 265 I, 303 I; 52 StGB strafbar gemacht.

FALLENDE

II. WEITERE PROBLEME AUS DEN GRUNDDELIKTEN §§ 306, 306a StGB

1. Die Tathandlung der Brandlegung

Die Tathandlung der Brandlegung wurde nachträglich eingeführt, um Fälle zu erfassen, in denen das Tatobjekt zwar nicht in Brand gesetzt wurde, es aber dennoch durch die Brandlegung zu einer gänzlichen oder teilweisen Zerstörung gekommen ist.

Explosionen, Hitzeentwicklung und Löschwasserschäden

BEISPIELE: Wenn nur Inneneinrichtung brennt, die Hitze aber das Gebäude mindestens teilweise zerstört. Wenn das Brandmittel explodiert (oder verpufft) und dadurch das Gebäude mindestens teilweise zerstört wird, ohne dass es zum eigentlichen Brand kommt. Und schließlich: Löschwasserschäden.

> **DEFINITION**
> **Brandlegung** setzt dem Wortlaut und Schutzzweck nach nicht zwingend voraus, dass überhaupt etwas in Brand geraten ist. Ausreichend ist bereits die Versuchshandlung, bei der das Brandmittel den Zerstörungsvorgang auslöst.

Unternehmensdelikt

Die Tathandlung der Brandlegung ist mithin ein „unechtes Unternehmensdelikt", was bedeutet, dass der Versuch der Vollendung gleichgestellt wird.

2. Das gemischt-genutzte Gebäude, § 306a I Nr. 1 StGB

Das abstrakte Gefährdungsdelikt des § 306a I Nr. 1 StGB setzt als Tatobjekt ein Gebäude voraus, welches der Wohnung von Menschen dient. Fraglich ist, wie in diesem Kontext sog. **„gemischt-genutzte"** Gebäude zu behandeln sind.

BEISPIEL: In einem Haus mit 11 Stockwerken befindet sich im Erdgeschoss die Filiale einer Bank, in den Stockwerken In2 bis 10 sind gewerblich genutzte Büroräume und im 11. Stock befinden sich Penthouse-Wohnungen. T setzt mit einem Brandsatz die Bankfiliale in Brand.

BGH, 10.05.2011 – 4 StR 659/10, RA 2011, 493

Zur Lösung derartiger Fälle muss zwischen beiden Tatvarianten differenziert werden. In der 2. Tatvariante (ganz oder teilweise zerstört) hat sich der BGH zu einer sehr restriktiven Sichtweise durchgerungen. In derartigen Fällen soll § 306a I Nr. 1 StGB erst verwirklicht sein, wenn zumindest ein zum selbstständigen Gebrauch bestimmter Teil des Wohngebäudes, d.h. eine zum Wohnen bestimmte abgeschlossene Untereinheit, durch die Brandlegung für Wohnzwecke unbrauchbar geworden ist. Nicht ausreichend ist, dass das Feuer auf zu Wohnzwecken genutzte Teile des Gebäudes hätte übergreifen können; in diesem Fall fehlt es gerade am erforderlichen Erfolgseintritt.

Im Rahmen der 1. Tatvariante (Inbrandsetzen) ist hingegen entscheidend, ob der in Brand gesetzte (nicht unter § 306a I fallende) Gebäudeteil mit dem von § 306a I erfassten Gebäudeteil ein einheitliches Gebäude bildet und nicht auszuschließen ist, dass das Feuer übergreift. Insoweit genügt es nicht, wenn eine Räumlichkeit „angebaut" ist, unmittelbar angrenzt oder sich in räumlicher Nähe befindet. Erforderlich ist, dass zwischen den verschiedenen Gebäudeteilen eine Verbindung besteht, beispielsweise durch ein gemeinsames Treppenhaus, einen gemeinsamen Flur oder ineinander übergehende Räume. Gegen ein einheitliches Gebäude kann das Vorhandensein einer Brandmauer oder besonderer sonstiger Brandschutzvorrichtungen sprechen.

BGH, 15.09.2010, 2 StR 236/10

> **KLAUSURHINWEIS**
> Sofern der Täter aber den Übergriff auf den Wohnbereich billigt, kommt ein Versuch in Betracht.

3. Das zumindest teilweise Zerstören
Fraglich ist, wann von einer teilweisen Zerstörung der erfassten Tatobjekte auszugehen ist. Wegen der im Vergleich zu §§ 305, 305a StGB deutlich höheren Strafandrohung muss bei den §§ 306, 306a StGB eine Zerstörung von Gewicht vorliegen, das jeweilige Objekt also in einem seiner wesentlichen Bestandteile betroffen sein.

Wohnräume sind nicht schon dann teilweise zerstört, wenn Mobiliar zerstört worden ist, sondern erst dann, wenn eine zu Wohnzwecken bestimmte „Untereinheit" wegen der Brandlegungsfolgen aus der Sicht eines verständigen Wohnungsinhabers für eine beträchtliche Zeitspanne nicht mehr benutzbar ist. Auf eine Verletzung der Sachsubstanz kommt es dabei nicht an; die Unbenutzbarkeit kann auch Folge einer starken Verrußung sein.

Wohnräume

116 BRANDSTIFTUNGSDELIKTE

Gewerblich genutztes Gebäude

Ein **gewerblich genutztes Gebäude** ist i.S.d. §§ 306 I, 306a I, II StGB dann teilweise zerstört,
- wenn das Gebäude für eine nicht unbeträchtliche Zeit wenigstens für einzelne seiner Zweckbestimmungen unbrauchbar gemacht wird oder
- wenn ein für die ganze Sache zwecknötiger Teil unbrauchbar gemacht wird oder
- wenn einzelne Bestandteile des Gebäudes, die für den selbstständigen Gebrauch bestimmt oder eingerichtet sind, wie etwa eine einzelne Abteilung des Gebäudes, gänzlich vernichtet werden.

4. Das Konkurrenzverhältnis zwischen § 306 und § 306a StGB

Nach einer Ansicht besteht zwischen beiden Delikten Tateinheit, § 52 StGB, um klarzustellen, dass auch eine fremde Sache betroffen sei.

Nach Ansicht des BGH verdrängt der härter bestrafte § 306a StGB den § 306 StGB.

C. Die qualifizierenden Vorschriften, §§ 306b, 306c StGB

I. DIE BESONDERS SCHWERE BRANDSTIFTUNG, § 306b StGB

Schwere Gesundheitsschädigung

Im Rahmen der Erfolgsqualifikation des Abs. 1 ist eine schwere Gesundheitsschädigung bei Fällen des § 226 StGB oder ähnlich gravierenden Beeinträchtigungen des Körpers anzunehmen.

Große Zahl von Menschen

Für die „große Zahl" von Menschen gibt es noch keine allgemeingültige Klärung. Es wird empfohlen, mindestens einen zweistelligen Bereich, also zehn Personen, zu verlangen.

II. DIE BRANDSTIFTUNG MIT TODESFOLGE, § 306c StGB

1. Grundlagen

§ 306c StGB ist eine Erfolgsqualifikation. Zu den Grundlagen dieser Qualifikationsform wird auf die Ausführungen zu den Körperverletzungsdelikten (Fall 3: „Eine saftige Ohrfeige" und die nachfolgende Vertiefung) verwiesen.

Neben den ohnehin zu prüfenden Voraussetzungen der Kausalität und der objektiven Zurechnung sei im Rahmen des Unmittelbarkeitszusammenhangs nochmals an die Prüfungspunkte erinnert:

a) Anknüpfung an das Grunddelikt

b) Spezifischer Gefahrenzusammenhang

Schon im Kontext der Zurechnung stellt sich die Frage nach den sog. **„Retter-Fällen"** (ebenso bei § 222 StGB oder auch § 306a II. StGB). Der Tod von freiwilligen Rettern wird dem Täter jedenfalls dann zugerechnet, wenn er ein **„verständiges Rettungsmotiv"** geschaffen hat. Dahinter steht die Wertung, dass kein Fall von Zurechnung ausschließender Selbstgefährdung vorliegen soll, wenn jemand Zivilcourage zeigt. Demgegenüber erfolgt nach einer M.M. die Zurechnung nur, wenn der freiwillige Helfer gem. § 323c StGB zur Hilfeleistung verpflichtet war, da ansonsten eine Selbstgefährdung vorliege.

Mit Rettungsbemühungen von Berufsrettern muss der Täter grundsätzlich rechnen. Dies gilt auch für Todesfälle, die sich erst bei Begehung der Brandstelle nach Löschung des eigentlichen Brandes ereignen.

Zurechnungsproblem: „Retter-Fälle"

BEISPIEL: Feuerwehrleute begehen den Brandort, um nach Schwelbränden zu suchen. Hierbei löst die ein Dachbalken, welcher den Feuerwehrmann F tötet.

Allerdings führt grob sach- und pflichtwidriges Verhalten jedes Retters zu einem Zurechnungsausschluss wegen eigenverantwortlicher Selbstgefährdung.

Es muss sich im Tod die brandspezifische Gefahr für das Rechtsgut Leben realisiert haben. Hierbei kann sowohl auf die Gefährlichkeit der Tathandlung (geworfener Molotow-Cocktail) als auch auf die Gefährlichkeit des Taterfolges (Brandlegung im Treppenhaus) abgestellt werden.

Anknüpfung an das Grunddelikt

Schließlich wird – in Abweichung von § 18 StGB – verlangt, dass der Täter bzgl. der schweren Folge mindestens leichtfertig gehandelt hat.

Leichtfertigkeit

> **DEFINITION**
> **Leichtfertig** handelt, wer die sich ihm aufdrängende Möglichkeit eines tödlichen Verlaufs aus besonderem Leichtsinn oder aus besonderer Gleichgültigkeit außer Acht lässt.

2. Der erfolgsqualifizierte Versuch

Der Versuch der Brandstiftung mit Todesfolge, §§ 306 I, 22, 23 I, 306c StGB, ist grundsätzlich möglich. Fraglich ist jedoch die Lösung des folgenden Falles:

> **BEISPIEL:** A wirft nachts einen ersten Brandsatz durch das geöffnete Fenster des Hauses seines Feindes F. Er trifft den im Bett liegenden F, der brennend durch das Zimmer läuft und schließlich stirbt. A sieht, dass das Gebäude selbst noch kein Feuer gefangen hat, ist durch den Tod des F aber zur Besinnung gekommen und verzichtet darauf, seinen zweiten Brandsatz zu werfen.

Rücktritt vom erfolgsqualifizierten Versuch

Fraglich ist, ob der Täter noch vom erfolgsqualifizierten Versuch zurücktreten kann.

Nach einer Ansicht ist dies zu verneinen, da mit dem Tod schon der schwerstmögliche Erfolg eingetreten und folglich für einen Rücktritt kein Raum mehr sei.

BGHSt 42, 158, 160

Demgegenüber ist der Rücktritt nach h.M. möglich, da sich die Prüfung des Rücktritts allein auf das Grunddelikt der Brandstiftung beziehe. Dieses sei noch im Versuchsstadium und folglich sei auch ein Rücktritt noch möglich. Mit dem Rücktritt entfalle dann das Grunddelikt und damit auch die Basis für die Erfolgsqualifikation.

> **KLAUSURHINWEIS**
> Das dargestellte Problem wäre im Prüfungsschema, welches bei den Körperverletzungsdelikten dargestellt ist, nach der Prüfung der Schuld unter „VI. Rücktritt" zu verorten. Vor dem Prüfungspunkt des Fehlschlags wäre dann zunächst zu klären, ob wegen des Todes ein Rücktritt überhaupt noch in Betracht kommt.

In Betracht kommen aber auf jeden Fall Strafbarkeiten wegen § 227 StGB, oder – bei mindestens Eventualtötungsvorsatz – sogar §§ 212, 211 StGB.

NÖTIGUNG

A. Einführung
Die Nötigung gem. § 240 StGB schützt die Freiheit der Willensbildung und Willensbetätigung.

Das geschützte Rechtsgut

Die Tat ist gem. § 240 III StGB auch als Versuch strafbar und enthält in Abs. 4 Regelbeispiele, die als Strafzumessungsregeln erst nach der Schuld zu prüfen sind.

§ 240 StGB hat – ebenso wie § 253 StGB – die Besonderheit, dass er gem. Abs. 2 eine gesonderte Verwerflichkeitsprüfung voraussetzt. Nur wenn auch diese Voraussetzung erfüllt ist, ist die Tat rechtswidrig. Man nennt die §§ 240, 253 StGB deshalb „offene Tatbestände".

„Offener Tatbestand"

> **KLAUSURHINWEIS**
> Abs. 2 wird nach den normalen Rechtfertigungsgründen geprüft. („Was gerechtfertigt ist, kann nicht verwerflich sein.")
> Bei „offenen Tatbeständen" dürfen Sie bei der Prüfung der Rechtswidrigkeit nicht schreiben: „Der Tatbestand indiziert die Rechtswidrigkeit." Abgesehen davon, dass dieser Satz ohnehin fragwürdig ist, ist er bei „offenen Tatbeständen" jedenfalls falsch. Hier muss die Rechtswidrigkeit positiv festgestellt werden.

Hinter Spezialtatbeständen, die einen besonderen Teilausschnitt der allgemeinen Freiheit zur Willensentschließung und -betätigung schützen, tritt die Vorschrift zurück, sofern die Nötigungshandlung sogleich der Verwirklichung des speziellen Delikts dient. Dies gilt etwa gegenüber §§ 239, 239a, 239b, 249, 253 StGB.

Das Verhältnis zu anderen Delikten

Vor allem tritt § 240 StGB auch hinter § 113 StGB zurück, der insoweit privilegierender Spezialtatbestand ist. Hierzu näher im Fall „Nichts wie weg".

§ 113 StGB

B. Der Gewaltbegriff
Das zentrale Problem des § 240 StGB ist die Frage nach dem richtigen Verständnis des Merkmals der „Gewalt". Hierzu der folgende Fall.

NÖTIGUNG

SACHVERHALT

FALL 10: „PARKPLATZMANGEL"
Problemschwerpunkt: § 240: Gewaltbegriff/Parkplatz-Fall

A und C sind auf dem Weg zu einem Straßenfest in der Nachbarstadt. Wegen des großen Andrangs herrscht eine schlechte Parkplatzsituation, sodass A und C beschließen, getrennt nach einer freien Parkmöglichkeit zu suchen. A läuft dabei zu Fuß in die eine Richtung, während sich C mit dem Auto in die andere Richtung begibt. Wenig später findet A eine freie Parklücke und wartet davor auf den von ihm auf dem Handy angerufenen C. Dabei stellt er sich dem B, ebenfalls ein großer Anhänger des Straßenfests auf Parkplatzsuche, in den Weg, als dieser gerade mit seinem Wagen in die freie Parklücke einparken will. A will den Parkplatz für C frei halten. B fährt langsam auf den A zu, stößt dabei mit der Stoßstange gegen die Beine des A und drängt diesen so aus der Parklücke.

Strafbarkeit der Beteiligten?

Bearbeitervermerk:
Es sind einzig Strafbarkeiten nach § 240 StGB zu prüfen.

Nötigung, § 240 I StGB

PRÜFUNGSSCHEMA

Prüfungsschema
§ 240 StGB

I. Tatbestand
  1. **Objektiver Tatbestand**
     a) Nötigungsmittel
       aa) Gewalt
       bb) Drohung mit einem empfindlichen Übel
     b) Abgenötigte Opferreaktion
     c) Kausalität zwischen Nötigungsmittel und Opferreaktion
  2. **Subjektiver Tatbestand**
II. Rechtswidrigkeit
  1. Nichtvorliegen von Rechtfertigungsgründen
  2. Verwerflichkeit gem. § 240 II StGB
III. Schuld

A. Strafbarkeit des A gem. § 240 I StGB

LÖSUNG

A könnte sich wegen Nötigung gem. § 240 I StGB strafbar gemacht haben, indem er sich dem B in den Weg stellte.

I. TATBESTAND

1. Objektiver Tatbestand

a) Nötigungsmittel

A müsste zunächst ein Nötigungsmittel angewendet haben, also Gewalt oder Drohungen mit einem empfindlichen Übel.

aa) Gewalt

A könnte dadurch, dass er sich dem B in den Weg gestellt hat, Gewalt angewendet haben. Unter welchen Voraussetzungen die Anwendung von Gewalt i.S.d. § 240 I StGB angenommen wird, ist jedoch umstritten.

Problem: Gewaltbegriff

Dem ursprünglich vom Reichsgericht eingeführten engen Gewaltbegriff zufolge ist Gewalt die Anwendung von erheblicher Körperkraft auf Seiten des Täters zur Überwindung eines tatsächlich geleisteten oder erwarteten Widerstands. A stellte sich lediglich in den Weg und wendete somit in Richtung des B keine erhebliche Körperkraft auf. Dieser Auffassung nach hat A keine Gewalt angewendet.

Früher: Erhebliche Körperkraft

Dagegen könnte man jedoch einwenden, dass dieser Gewaltbegriff die Fälle „roher Gewalt" zwar eindeutig umfasst, jedoch etwa das Schießen mit Schusswaffen, das keine nennenswerte Kraftentfaltung erfordert, nicht abdeckt.

So könnte man einer weiteren Auffassung folgend den Gewaltbegriff weiter auslegen. Gewalt ist dieser Auffassung nach jeder (auch geringe) Kraftaufwand, der – physisch oder psychisch vermittelt – vom Opfer als körperlich wirkender Zwang empfunden wird (sog. **vergeistigter Gewaltbegriff**). A hinderte den B dadurch, dass er sich diesem in den Weg stellte, theoretisch nicht daran weiterzufahren. Jedoch wäre dies nicht ohne Verletzung des A möglich. Ausreichend ist somit hier, dass eine psychische Barriere errichtet wurde, die auf das Opfer die gleiche Wirkung wie ein physisches Hindernis entfaltete. Somit steht die Wirkung des sich „In-den-Weg-Stellens" des A einer körperlichen Einwirkung gleich. Dieser Auffassung nach wendete A Gewalt an.

„Vergeistigter Gewaltbegriff"

Sitzblockaden-Fälle

> **MERKSATZ**
> Der **weite vergeistigte Gewaltbegriff** des BGH wurde für einige Zeit vom BVerfG als verfassungskonform angesehen (BVerfGE 73, 206, 239 f.). Er ist vor dem Hintergrund der Sitzblockaden-Fälle entstanden. So konnte der Tatbestand des § 240 I StGB auch auf Personen angewendet werden, die Kraftfahrer zwar nicht physisch, jedoch durch psychisch ausgeübten Druck (Tötungshemmung) am Fortkommen hinderten.

Bestimmtheitsgrundsatz

Hiergegen könnte jedoch angeführt werden, dass eine so weite Auslegung des Gewaltbegriffs gegen den Bestimmtheitsgrundsatz aus Art. 103 II GG verstoßen würde.

So wird weiterhin die Auffassung vertreten, der Gewaltbegriff des § 240 I StGB müsse im Zusammenhang des Normgefüges verstanden werden. Zahlreiche, für das Erziehungswesen und die Arbeitswelt unvermeidbare aber völlig sozialadäquate Verhaltensweisen würden ebenfalls dem § 240 I StGB unterfallen, würde man jede Art der Zwangseinwirkung als vom Gewaltbegriff umfasst ansehen. Dies könne nicht dem Willen des Gesetzgebers entsprechen. Geistig-seelische Zwangseinwirkungen könnten somit lediglich die Tatbestandsalternative der Drohung, nicht jedoch die der Gewalt erfüllen. Hiernach ist Gewalt wie folgt zu verstehen:

> **DEFINITION**
> **Gewalt** ist körperlich wirkender Zwang zur Überwindung eines tatsächlich geleisteten oder erwarteten Widerstands.

Dieser Auffassung nach wendete A mangels körperlicher Einwirkung keine Gewalt an, indem er sich dem B in den Weg stellte.

"Zweite-Reihe-Rechtsprechung" (BGH, JuS 1995, 1135; BVerfG, JuS 2011, 563)

> **MERKSATZ**
> Damit liegt auch bei einer Sitzblockade keine Gewalt vor, wenn der Fahrer des ersten Fahrzeugs anhält. Allerdings stellt die erste Fahrzeugreihe für die Fahrer der folgenden Autos eine physische Barriere dar. Deshalb liegt ab der zweiten Reihe eine Gewaltnötigung in mittelbarer Täterschaft vor. Die Fahrer der ersten Reihe bleiben straflos, da ihr "ausbremsen" der Nachfolgenden durch Notstand, § 34 StGB, gerechtfertigt ist.

> **KLAUSURHINWEIS**
> Eine derart ausführliche Darstellung des Meinungsstreits sollten Sie nur vornehmen, wenn hier wirklich der Problemschwerpunkt liegt. Sofern es z.B. um den Streit geht, ob die Bedrohung mit einer Waffe eine Gewalt (wegen der körperlich messbaren Auswirkungen des angstbedingten Stresses) oder eine Drohung darstellt, fassen Sie sich kürzer. Sie verwenden dann die unten dargestellte Gewaltdefinition und stellen bloß die Frage, wie „körperlich" die Zwangswirkung sein muss, also ob die bloße Angstreaktion des Körpers ausreichend ist. Dies verneinen Sie, weil die Drohung sonst keinen eigenständigen Anwendungsbereich mehr hätte.

Gewalt oder Drohung bei Bedrohung mit Waffe?

Die Auffassungen kommen zu unterschiedlichen Ergebnissen, der Streit ist mithin zu entscheiden. Gegen den vom Reichsgericht eingeführten engen Gewaltbegriff spricht, dass er durch die Einschränkung des erheblichen Kraftaufwandes eine Vielzahl besonders deutlicher Fälle der Gewalt, wie beispielsweise das Betätigen des Abzugs einer Schusswaffe, aus der Gewaltdefinition herausnimmt. Gegen den vergeistigten Gewaltbegriff spricht, dass er (neben dem vom BVerfG bestätigten Verstoß gegen Art. 103 II GG) gerade der im Tatbestand des § 240 I StGB aufgeführten Tatbestandsvariante der Drohung keinen Anwendungsbereich mehr lässt. Es ist somit der letztgenannten Auffassung zu folgen.

BVerfGE 92, 1, 14 ff.

A wendete mithin mangels körperlich wirkenden Zwangs keine Gewalt an.

> **KLAUSURHINWEIS**
> Der hier verwendete sog. **argumentative Streitaufbau** stellt eine Alternative zu dem sonst mitunter sehr steifen Aufbau von Streitigkeiten im Gutachtenstil dar.
>
> Achten Sie jedoch darauf, dass für die zur nächsten Auffassung überleitenden Einwürfe stets der Konjunktiv verwendet werden muss.

bb) Drohung mit einem empfindlichen Übel

Dass A dem B den Weg versperrt, stellt keine Ankündigung eines zukünftigen Übels dar. Eine Drohung seitens des A ist mithin ebenfalls nicht gegeben.

Definition:
Drohung mit einem empfindlichen Übel

> **KLAUSURHINWEIS**
> Zum Lernen hier die Definitionen zur Drohung mit einem empfindlichen Übel:
>
> Drohung ist das Inaussichtstellen eines zukünftigen Übels, auf dessen Eintritt der Täter Einfluss hat oder zu haben vorgibt.
>
> Empfindlich ist das angedrohte Übel dann, wenn es so erheblich ist, dass seine Ankündigung geeignet ist, einen besonnenen Menschen zu dem vom Täter begehrten Verhalten zu bestimmen.

II. ERGEBNIS

A hat sich nicht wegen Nötigung gem. § 240 I StGB strafbar gemacht, indem er sich dem B in den Weg stellte.

B. Strafbarkeit des A gem. § 240 I, 22, 23 I StGB

Falls A den B mit seinem Verhalten nötigen wollte und dementsprechend einen Tatentschluss bezüglich der Verwirklichung der objektiven Tatbestandsmerkmale fasste, ändert dies nicht daran, dass keine der beiden Tatbestandsalternativen einschlägig ist. Selbst wenn A sich somit vorstellen würde, er wende Gewalt gegen B an, handelt es sich lediglich um ein strafloses Wahndelikt.

MERKSATZ
Ein Wahndelikt liegt vor, wenn der Täter aufgrund einer falschen rechtlichen Wertung ein an sich nicht strafbares Verhalten irrig für strafbar hält.

C. Strafbarkeit des B gem. § 240 I StGB

B könnte sich wegen Nötigung gem. § 240 I StGB strafbar gemacht haben, indem er dem A mit der Stoßstange gegen das Bein stieß und diesen so aus der Parklücke drängte.

I. TATBESTAND

1. Objektiver Tatbestand

a) Nötigungsmittel

B müsste ein Nötigungsmittel, also Gewalt oder eine Drohung mit empfindlichem Übel, angewendet haben. Indem B dem A mit der Stoßstange gegen das Knie stieß hat er körperlich wirkenden Zwang und somit auch Gewalt angewendet.

> **KLAUSURHINWEIS**
> Nach der obigen ausführlichen Problemdarstellung müssen Sie sich hier jetzt kurz fassen, da die Gewalt evident vorliegt.

b) Abgenötigte Opferreaktion
B müsste dem A eine Reaktion abgenötigt haben. Die Reaktion kann ein Handeln, Dulden oder Unterlassen sein. Durch den Stoß gegen die Beine des A hat sich dieser aus der Parklücke herausdrängen lassen. Man könnte das Zurückweichen des A als Handlung, oder auch als Unterlassen der weiteren Blockade des Parkplatzes ansehen. B hat dem A somit eine Reaktion auf sein Handeln abgenötigt.

c) Kausalität zwischen Nötigungsmittel und Opferreaktion
Die Handlung des B war auch kausal für die abgenötigte Reaktion des A.

2. Subjektiver Tatbestand
B müsste vorsätzlich gehandelt haben. Während B den A aus der Parklücke drängte, handelte er in Kenntnis aller objektiven Tatbestandsmerkmale sowie mit dem Willen zur Tatbestandsverwirklichung, also vorsätzlich. Fraglich ist jedoch, ob nicht aufgrund des § 240 II StGB, der vom „angestrebten Zweck" spricht, sogar dolus directus 1. Grades hinsichtlich des Nötigungserfolges zu verlangen ist. Dies kann dahinstehen, da es B sogar darauf ankam, A aus der Parklücke zu drängen, er also absichtlich handelte.

§ 240 II StGB: „angestrebter Zweck"

> **KLAUSURHINWEIS**
> Sollte der Streit zu entscheiden sein, sollten Sie Eventualvorsatz auch hinsichtlich des Nötigungserfolges ausreichen lassen. § 240 II StGB formuliert bloß den Abwägungsmaßstab innerhalb der Verwerflichkeitsklausel. Ein Absichtserfordernis hätte in Abs. 1 normiert sein müssen.

II. RECHTSWIDRIGKEIT

1. Nichtvorliegen von Rechtfertigungsgründen
Es dürften keine Rechtfertigungsgründe des B vorliegen. Man könnte an eine Rechtfertigung durch Notwehr gem. § 32 StGB denken. Fraglich ist

Parkvorrecht als notwehrfähiges Recht?

126 NÖTIGUNG

dafür: BayOLG, NJW 1995, 2646

a.A: OLG Stuttgart, NJW 1966, 745

jedoch schon, ob die Beeinträchtigung eines Rechtsguts vorliegt. So wird die Auffassung vertreten, das in § 12 V StVO normierte Parkvorrecht des Erstkommenden stelle ein notwehrfähiges subjektives Recht dar. Aufgrund des krassen Missverhältnisses zwischen den beteiligten Rechtsgütern und der damit verbundenen fehlenden Gebotenheit der Notwehr kann jedoch dahinstehen, ob es ein notwehrfähiges Recht des Erstkommenden beim Parken gibt. B ist nicht durch Notwehr gem. § 32 StGB gerechtfertigt.

2. Verwerflichkeit gem. § 240 II StGB

> **MERKSATZ**
> § 240 StGB stellt einen sog. **„offenen Tatbestand"** dar, dessen Rechtswidrigkeit nicht bereits durch das Vorliegen des Tatbestandes indiziert wird, sondern über das Fehlen von Rechtfertigungsgründen hinaus eine Feststellung der Verwerflichkeit des Verhältnisses zwischen eingesetztem Nötigungsmittel und angestrebten Zweck erfordert.

*Bezugspunkt ist weder das angewandte Nötigungsmittel, noch der erstrebte Zweck isoliert, sondern deren Verhältnis zueinander (sog. **Zweck-Mittel-Relation**).*

Die Verknüpfung zwischen dem Nötigungsmittel und dem Nötigungszweck müsste als verwerflich anzusehen sein. Dies ist der Fall, wenn das Vorgehen des Täters nach Gesamtwürdigung aller Umstände eindeutig so anstößig ist, dass es als ein grober Angriff auf die Entschlussfreiheit des Opfers zu verstehen ist und auf einen erhöhten Grad sittlicher Missbilligung hinweist.

Das Hinausdrängen des A aus der Parklücke unter Einsatz der Stoßstange des Autos gegen dessen Beine stellt einen groben Angriff auf die Entschlussfreiheit desselben dar und weist zudem auf einen erhöhten Grad sittlicher Missbilligung der Person bzw. des Vorhabens des A hin. Das Verhalten des B ist mithin als verwerflich gem. § 240 II StGB anzusehen.

B handelte mithin rechtswidrig.

III. SCHULD
B handelte auch schuldhaft.

IV. ERGEBNIS
B hat sich wegen Nötigung gem. § 240 I StGB strafbar gemacht, indem er dem A mit der Stoßstange gegen das Bein stieß und diesen so aus der Parklücke drängte.

FALLENDE

URKUNDSDELIKTE

A. Einführung
Die Urkundsdelikte haben keine einheitliche Schutzrichtung.

§ 267 I StGB ist das Grunddelikt der einfachen Urkundenfälschung. Abs. 3 enthält Regelbeispiele und Abs. 4 enthält die Qualifikation der bandenmäßigen Tatbegehung. **Keine Urkunden** sind technische Aufzeichnungen und beweiserhebliche Daten (sog. **„Datenurkunden"**). Erstere werden vor Fälschung und Verfälschung durch § 268 StGB, letztere durch § 269 StGB geschützt. Für §§ 268, 269 StGB gelten die Regelbeispiele und die Bandenqualifikation des § 267 StGB in gleicher Weise, §§ 268 V, 269 III StGB.

Alle genannten Tatobjekte werden durch § 274 StGB vor Unterdrückung, Vernichtung bzw. Löschung geschützt. Die inhaltliche Richtigkeit von öffentlichen Urkunden, Büchern, Dateien oder Registern schützen die §§ 348 und 271 StGB.

Die Urkundsdelikte sind **Offizialdelikte**, es gibt also kein Strafantragserfordernis.

Die verschiedenen Tatbestände
§§ 267 – 269 StGB

§§ 274, 348, 271 StGB

Offizialdelikte

Der **Rechtsgüterschutz** ist bei den Urkundsdelikten ausdifferenziert und kann nicht einheitlich bestimmt werden.

Geschütztes Rechtsgut der §§ 267 – 269 StGB ist nach h.M. die Sicherheit und Zuverlässigkeit des Rechtsverkehrs, insbesondere des Beweisverkehrs mit Urkunden, technischen Aufzeichnungen und „Datenurkunden".

Ob die §§ 267 – 269 StGB auf Grund der Einfügung der Regelbeispiele des Abs. 3 und der Qualifikation des Abs. 4 durch das 6. StRG auch vermögensschützenden Charakter erhalten haben, ist streitig, dürfte aber im Ergebnis zu verneinen sein.

Geschützt wird bei § 271 StGB im Gegensatz zu § 267 StGB nicht die formelle Echtheit sondern die inhaltliche Richtigkeit und damit die besondere Beweiskraft öffentlicher Urkunden. Ergänzt wird § 271 StGB durch § 348 StGB, der Amtsträger betrifft und § 48 WStG, der für Soldaten gilt.

§ 274 I Nr. 1 und 2 StGB schützen nach h.M. das Recht, mit echten Urkunden, technischen Aufzeichnungen und bestimmten Daten Beweis zu erbringen, während von Abs. 1 Nr. 3 bestimmte Grenz- und Wasserstandszeichen geschützt werden.

Das geschützte Rechtsgut
§§ 267 – 269 StGB

Kein Schutz des Vermögens

§§ 271, 348 StGB

§ 274 StGB

Das Verhältnis zu anderen Delikten	Hinter § 267 StGB und § 268 StGB tritt § 274 StGB regelmäßig zurück, wenn das Beschädigen Mittel zum Verfälschen oder Herstellen eines neuen Beweisinhalts ist.
	§ 267 StGB wird von der Geldfälschung, § 146 StGB, und der Fälschung von Gesundheitszeugnissen, § 277 StGB, verdrängt.
Eigentumsdelikte	Mit dem Diebstahl, § 242 StGB, und der Unterschlagung, § 246 StGB, kann Tateinheit bestehen, da die Urkundsdelikte nicht dem Eigentumsschutz dienen.
Sachbeschädigungsdelikte	Im Hinblick auf die zusätzlich geforderte Nachteilszufügungsabsicht ist § 274 StGB lex specialis zu den Sachbeschädigungsdelikten, §§ 303, 303a StGB.
Die Tatbestandsvoraussetzungen des § 267 StGB	Das Urkundsdelikt mit der größten Prüfungsrelevanz ist die „normale" Urkundenfälschung gem. § 267 StGB. Dieser Grundtatbestand setzt objektiv voraus, dass eine unechte Urkunde hergestellt oder eine echte Urkunde verfälscht oder eine derartige Urkunde gebraucht wurde. Subjektiv muss zusätzlich zum normalen Vorsatz „zur Täuschung" im Rechtsverkehr gehandelt worden sein, was insoweit einen direkten Vorsatz, also sicheres Wissen verlangt.

B. Der Tatbestand der Urkundenfälschung, § 267 StGB

I. GRUNDLAGEN

Die Prüfung der Urkundenfälschung ist wie folgt aufzubauen:

PRÜFUNGSSCHEMA

I. Tatbestand
  1. Objektiver Tatbestand
    a) Tatobjekt Urkunde
    b) Tathandlungen
      aa) Herstellen einer unechten Urkunde, § 267 I 1. Alt.
      bb) Verfälschen einer echten Urkunde, § 267 I 2. Alt.
      cc) Gebrauchen einer unechten/verfälschten Urkunde, § 267 I 3. Alt.
  2. Subjektiver Tatbestand
    a) Vorsatz
    b) Zur Täuschung im Rechtsverkehr
II. Rechtswidrigkeit
III. Schuld

1. Der Begriff der Urkunde

> **DEFINITION**
> Eine Urkunde ist jede verkörperte Gedankenerklärung, die zum Beweis im Rechtsverkehr geeignet und bestimmt ist und ihren Aussteller erkennen lässt.

Damit hat eine Urkunde drei Funktionen, nämlich die **Perpetuierungsfunktion**, die **Beweisfunktion** und die **Garantiefunktion**.

a) Perpetuierungsfunktion

Eine Urkunde muss die Erklärung eines menschlichen Gedankens beinhalten. Darunter ist ein menschliches Verhalten zu verstehen, das geeignet ist, bei einem anderen eine bestimmte Vorstellung über einen Sachverhalt hervorzurufen. Die Erklärung – auch in Form wortvertretender Zeichen – geht deshalb über das körperliche Dasein hinaus und wirkt aufgrund ihres geistigen Inhalts auf das Verständnis ein. Hierdurch unterscheidet sich die Urkunde vom bloßen Augenscheinsobjekt, welches lediglich durch seine natürliche Eigenschaft oder Beschaffenheit zum Beweis einer Tatsache dient (z.B. Fußspur, Fingerabdrücke, Einschüsse). *(Menschliche Gedankenerklärung)*

Die Gedankenerklärung muss in einer Sache verkörpert bzw. mit einer körperlichen Sache fest verbunden sein. Hierdurch wird die Urkunde von flüchtigen Erklärungen, insbesondere dem gesprochenen Wort, abgegrenzt. Eine E-Mail oder SMS stellt deshalb für sich keine Urkunde dar. Ebenso wenig der Schriftzug im Sand. *(Verkörperung)*

b) Beweisfunktion

Die Gedankenerklärung muss zum Beweis einer außerhalb ihrer selbst liegenden rechtlich erheblichen Tatsache geeignet und bestimmt sein. Die Beweisbestimmung der Urkunde erfolgt durch einen Willensakt und kann nach h.M. von vornherein durch den Aussteller bezweckt sein (sog. **Absichtsurkunde**, z.B. Testament) oder der Urkunde nachträglich durch den Aussteller wie durch Dritte beigelegt werden (sog. **Zufallsurkunde**, z.B. ein Liebesbrief im Scheidungsprozess). *(Zum Beweis im Rechtsverkehr geeignet und bestimmt)*

c) Garantiefunktion

Die Garantiefunktion einer Urkunde ergibt sich daraus, dass die Urkunde den Aussteller als Urheber der Erklärung erkennen lässt, der auch für diese *(Erkennbarkeit des Ausstellers)* eintritt. Dabei wird nicht vorausgesetzt, dass er die Erklärung selbst körperlich hergestellt hat, soweit nicht besondere Regeln wie z.B. § 2247 I BGB für das Testament gelten. Vielmehr ist Aussteller, von wem die Erklärung herrührt, d.h. wem sie geistig zuzurechnen ist (h.M.; sog. Geistigkeitstheorie). Es reicht aus, wenn der Aussteller anhand von Umständen, die nicht völlig außerhalb der Urkunde liegen dürfen, wie z.B. Gesetz und Herkommen individualisiert werden kann.

> **BEISPIELE:** Dies ist z.B. zu bejahen bei einer Fahrkarte, den Strichen des Wirts auf dem Bierdeckel, einem automatisch erstellten Parkschein, aber zu verneinen in Fällen der Anonymität z.B. bei Verwendung eines unleserlichen Gekritzels als Unterschrift.

SACHVERHALT

FALL 11: MEIN NEUES ZEUGNIS
Problemschwerpunkt: Fotokopie als Urkunde

Um sich erstmals mit dem Begriff der Urkunde zu beschäftigen, ist die Klärung der Frage hilfreich, ob eine normale Fotokopie eine Urkunde darstellt.

A erstellt von seinem Realschulzeugnis eine Fotokopie. Auf dieser ändert er einige seiner Einzelnoten und schließlich auch die Endnote zu seinen Gunsten ab. Danach fertigt er von dem „neuen" Zeugnis eine weitere Kopie. Diese Kopie ist als Kopie zu erkennen, was A jedoch nicht stört. Er geht davon aus, dass sich künftige Arbeitgeber, bei denen er sich für eine Ausbildung bewerben möchte, mit der Vorlage einer Kopie begnügen werden.

LÖSUNG

A. Strafbarkeit des A gem. § 267 I Var. 1 StGB
A könnte sich wegen Urkundenfälschung strafbar gemacht haben, indem er die Fotokopie von dem veränderten Exemplar herstellte.

I. TATBESTAND

1. Objektiver Tatbestand

a) Tatobjekt: Urkunde

Problem: Fotokopie als Urkunde

Fraglich ist, ob es sich bei der von A gemachten Fotokopie um eine Urkunde handelt.

> **DEFINITION**
> Eine **Urkunde** ist jede verkörperte Gedankenerklärung, die zum Beweis im Rechtsverkehr geeignet und bestimmt ist und ihren Aussteller erkennen lässt.

Perpetuierungsfunktion, Beweisfunktion, Garantiefunktion

Die Urkundenqualität von Fotokopien ist umstritten.

Einer Ansicht nach stellen Fotokopien grundsätzlich Urkunden dar. Begründet wird dies damit, dass Kopien aufgrund der fortgeschrittenen Technik immer schwieriger vom Original zu unterscheiden seien und die Fotokopie somit im Rechtsverkehr praktisch das gleiche Vertrauen genieße wie das Original. Die Fotokopie lasse den Aussteller (die Person, von der die Erklärung geistig herrührt), ohne Probleme erkennen. Dass nicht erkennbar ist, wer die Kopie erstellt hat, sei demgegenüber egal. So lasse ein Schriftstück schließlich auch nicht erkennen, wer den Bleistift geführt hat. Dieser Ansicht nach handelt es sich bei der von A hergestellten Fotokopie um eine Urkunde.

M.M.: Fotokopien sind Urkunden

Einer anderen Auffassung nach sind Fotokopien grundsätzlich keine Urkunden. Die Definitionsmerkmale des Urkundenbegriffs seien nicht erfüllt. So lasse eine Kopie ihren Ersteller, also denjenigen, der sie am Kopierer erstellt hat, nicht erkennen. Ferner sei sie keine verkörperte Gedankenerklärung, sondern lediglich eine Wiedergabe der im Original verkörperten Erklärung. Dieser Auffassung nach stellt die von A hergestellte Fotokopie seines Zeugnisses keine Urkunde dar.

M.M.: Fotokopien sind keine Urkunden

Einer weiteren Auffassung nach stellen Fotokopien im Grunde keine Urkunden dar, etwas anderes gelte jedoch dann, wenn die Kopie der Originalurkunde zum Verwechseln ähnlich ist und als Original in den Rechtsverkehr gelangt oder gelangen soll. Zudem stelle auch eine beglaubigte Kopie eine Urkunde dar, denn mit der Beglaubigung werde die Richtigkeit des Inhalts garantiert. Die von A hergestellte Fotokopie ist als Kopie zu erkennen. Sie stellt damit für den Adressaten und jeden Außenstehenden erkennbar lediglich das Abbild eines anderen Schriftstücks dar. Mangels Erkennbarkeit des Erstellers und damit verbundener eigenen Garantiefunktion für die Richtigkeit des Inhalts handelt es bei der von A hergestellten Kopie des manipulierten Schriftstücks auch nicht um eine beglaubigte Kopie und somit nicht um eine Urkunde.

H.M.: Differenzierende Auffassung
Weitere Ausnahme: Beglaubigte Kopie; bei dieser ist der Beglaubigende der Erklärende. Er erklärt, dass Original und Kopie inhaltlich übereinstimmen.

> **KLAUSURHINWEIS**
>
> In dem Ausnahmefall, dass die Kopie „als Original" in den Rechtsverkehr gegeben wird, müssen Sie genau auf die Informationen im Sachverhalt zur Qualität der Kopie achten. Nach neuerer BGH-Rechtsprechung ist im genannten Fall die Urkundseigenschaft der Kopie nur zu bejahen, wenn die Kopie einer Originalurkunde so ähnlich ist, dass die Möglichkeit einer Verwechslung nicht ausgeschlossen werden kann.

Vertiefung zur Fallgruppe Kopie „als Original" (BGH, 3 StR 398/12, RA 2013, 277)

Stellungnahme

Die Ansichten kommen zu unterschiedlichen Ergebnissen, sodass eine Entscheidung des Streits notwendig ist. Zwar spricht für die erstgenannte Ansicht, dass der, dessen Gedankenerklärung in der Urkunde verkörpert ist, nicht notwendigerweise auch den Bleistift geführt haben muss. Jedoch ist dies nicht mit dem vorliegenden Fall zu vergleichen. Während im genannten Fall ein anderer die Urkunde formuliert und der Unterzeichnende die Gedankenerklärung für und gegen sich gelten lassen will, wird im Falle einer Fotokopie eine bereits bestehende Urkunde ohne weitere Erklärung wiedergegeben. Zudem spricht für die letztgenannte Ansicht, dass außer im Fall der Verwechslungsähnlichkeit und der Beglaubigung bei einer erkennbaren Kopie keine Schutzbedürftigkeit der Adressaten besteht. Diese können sich bei Zweifeln das Original aushändigen lassen. Die besseren Argumente sprechen somit dafür, die Urkundenqualität bei Fotokopien, sofern sie als solche erkennbar und nicht beglaubigt sind, zu verneinen. Bei der von A erstellten Fotokopie handelt es sich nicht um eine Urkunde.

> **KLAUSURHINWEIS**
>
> Sofern es in einer Klausur nötig sein sollte, sich gegen die Meinung zu wenden, welche die Urkundseigenschaft von Kopien generell verneint, so könnten Sie wie folgt argumentieren:
>
> Es ist nicht einzusehen, warum gerade die qualitativ gute und für jedermann technisch leicht zu handhabende Reproduktionsmöglichkeit mittels Kopierern generell straffrei gestellt werden sollte.

II. ERGEBNIS

A hat sich nicht wegen Urkundenfälschung gemäß § 267 I Var. 1 StGB strafbar gemacht.

B. Strafbarkeit des A gemäß § 267 I Var. 2 StGB
Auch eine Strafbarkeit des A wegen Verfälschens einer echten Urkunde scheidet aus, da A nicht sein Realschulzeugnis selbst, sondern eine Kopie verändert hat, die, wie bereits vorstehend festgestellt, keine Urkundenqualität besitzt.

FALLENDE

Die Fernkopie (= Telefax) ist wie eine normale Fotokopie zu behandeln. Die Tatsache, dass der Ausdruck beim Empfänger erfolgt, rechtfertigt keine andere rechtliche Bewertung. Das gilt auch dann, wenn das Fax eine Absenderkennung enthält.

Telefax, BGH, 5 StR 488/09, RA 2010, 275

2. Echte und unechte Urkunden
§ 267 StGB stellt in der 1. Var. des Abs. 1 das Herstellen einer unechten und in der 2. Var. das Verfälschen einer echten Urkunde unter Strafe.

> **DEFINITION**
> Eine **Urkunde** ist echt, wenn sie den wirklichen Aussteller (den Erklärenden) erkennen lässt.

> **MERKSATZ**
> Bei einer **echten Urkunde** ist der wahre Ersteller mit dem erkennbaren Ersteller identisch.

Die Bestimmung des erkennbaren Erstellers bereitet meist keine Probleme. Wenn z.B. der Wirt auf dem Bierdeckel, der einen Werbeaufdruck der Brauerei B hat, pro Bier einen Strich macht, ist erkennbar der Wirt der Ersteller und nicht die Brauerei B.

Schwierigkeiten kann es aber bei der Bestimmung des wahren Erstellers geben. Dieser bestimmt sich nach der sog. **„Geistigkeitstheorie"**. Hiernach ist derjenige der wahre Ersteller, der „geistig" hinter der Erklärung steht, sich durch die Erklärung also gebunden fühlen möchte. Wer die Schriftzeichen körperlich fixiert hat, spielt insoweit keine entscheidende Rolle.

Geistigkeitstheorie

BEISPIEL: A hat handschriftlich eine Erklärung vorbereitet, B unterzeichnet diese. Es liegt eine echte Urkunde des B vor.

> **MERKSATZ**
> Von fremder Hand gesetzte Schriftzeichen können von einem anderen – z.B. durch Unterschrift – als eigene Erklärung übernommen werden.

Hiernach begeht derjenige, der mit einem fremden Namen eine Erklärung unterschreibt, keine Urkundenfälschung, wenn er den Namensinhaber vertreten will, dieser die Erklärung gegen sich gelten lassen will und die Vertretung nicht (wie z.B. bei einer eidesstattlichen Versicherung oder bei der Errichtung eines Testaments) rechtlich unzulässig ist.

BEISPIEL: Die A hat aufgrund einer ihr erteilten Vollmacht Überweisungen mit dem Namen ihres Ehemanns unterschrieben.

Nach BayObLG, StV 1999, 320

Es liegt keine Urkundenfälschung der A vor, da die Erklärungen der A ihrem Ehemann aufgrund der erteilten Vollmacht zuzurechnen sind. Selbst wenn die Geschäftsbedingungen der Bank eine Unterzeichnung von Überweisungen durch Dritte ausschließen, ist eine Vertretung nicht unzulässig, denn eine solche Klausel schließt lediglich die Pflicht der Bank aus, die Überweisung auszuführen; die der Angeklagten erteilte Vollmacht bleibt davon unberührt.

3. Die Tathandlungen

a) 1. Var.: Herstellen unechter Urkunde

> **DEFINITION**
> **Herstellen** einer unechten Urkunde setzt das Hervorbringen einer Urkunde voraus, die den unrichtigen Anschein erweckt, von dem aus ihr erkennbaren Aussteller herzurühren.

Vollendungszeitpunkt

Der Tatbestand ist insoweit vollendet, sobald erstmals alle Merkmale der unechten Urkunde vorliegen. Hieran fehlt es, wenn z.B. bei einer Testamentsfälschung der Fälscher die Unterschrift des Erblassers noch nicht beherrscht und diese deshalb noch – auf dem ansonsten „fertigen Testament" – fehlt.
Ein „handschriftliches" Hervorbringen ist nicht erforderlich. Vgl. dazu oben das Beispiel der Fotokopie als Urkunde.

b) 2. Var.: Verfälschen einer echten Urkunde

> **DEFINITION**
> **Verfälschen** ist das nachträgliche Verändern des gedanklichen Inhalts einer echten Urkunde, welches den Anschein erweckt, der Aussteller habe die Erklärung von Anfang an so abgegeben, wie sie nach der Veränderung vorliegt.

Anders formuliert ist ein Verfälschen jedes unbefugte, nachträgliche verändern der Beweisrichtung der Urkunde in der Weise, dass sie nachher etwas anderes zu beweisen scheint als vorher. An sich liegt damit im Verfälschen zugleich das Herstellen einer neuen, regelmäßig unechten Urkunde. Der Unterschied zwischen den beiden Alternativen besteht daher grundsätzlich nur darin, dass der Hersteller das Tatobjekt hervorbringt, während der Verfälscher es bereits vorfindet. *(2. Var. ist i.d.R. Spezialfall der 1. Var.)*

Wer nur die Lesbarkeit einer Urkunde beeinträchtigt, z.B. durch Überkleben eines Kraftfahrzeugkennzeichens mit sog. Antiblitzfolie, verfälscht nicht deren Erklärungswert. *(Antiblitzfolie, BGHSt 45, 197)*

Führt ein Eingriff nicht zu einer inhaltlichen Veränderung, sondern zur Beseitigung des Beweisinhalts, so ist nicht § 267 StGB, möglicherweise aber § 274 I Nr. 1 StGB (Urkundenunterdrückung) anwendbar.

Beispiel: Wer eine fremde Unterschrift ausradiert, durch die eigene ersetzt und so die fremde Erklärung zu seiner eigenen macht, verfälscht daher nicht, sondern stellt eine neue echte Urkunde her. Gleichzeitig liegt eine Unterdrückung der ursprünglichen Urkunde vor.

c) 3. Var.: Gebrauchmachen

> **DEFINITION**
> **Gebrauchen** der vom Täter oder einem Dritten gefälschten oder verfälschten Urkunde bedeutet, sie dem zu Täuschenden (nicht einem anderen) so zugänglich zu machen, dass dieser sie wahrnehmen kann.

Nicht unbedingt erforderlich ist danach, dass der zu Täuschende Kenntnis nimmt oder dass die zu täuschende Person (z.B. der konkrete Grenzbeamte bei einer Pass-Fälschung) überhaupt schon feststeht. Die bloß verbale Berufung auf eine Urkunde, ohne sie zugänglich zu machen, genügt jedoch nicht.

BEISPIEL: Nicht ausreichend ist das bloße Mitführen eines gefälschten Führerscheins, wohl aber das Fahren mit falschem Nummernschild.

Mittelbares Gebrauchmachen

Die Rspr. lässt auch das Ermöglichen nur mittelbarer sinnlicher Wahrnehmung, z.B. durch Vorlage der Fotokopie einer falschen Urkunde, ausreichen.

4. Der subjektive Tatbestand

a) Der Vorsatz
Für die Verwirklichung des § 267 I StGB ist dolus eventualis sowohl hinsichtlich der einzelnen Tathandlungen, aber auch bezüglich der Merkmale der Urkundseigenschaft erforderlich. Da der Normalbürger den Begriff der Urkunde schwerlich definieren könnte, genügt für die Merkmale der Urkundseigenschaft eine Vorstellung nach Laienart.

BEISPIEL: Wirt W macht einen weiteren Strich auf dem Bierdeckel, als er dem Gast G ein weiteres Bier bringt. G radiert diesen weg, um Geld zu sparen.

Parallelwertung in der Laiensphäre

Hier kann sich G nicht darauf berufen, er habe nicht gewusst, dass Striche auf dem Bierdeckel eine Urkunde seien. Er wusste, dass die Striche der späteren Abrechnung des Konsums dienen. Insoweit hatte er in seiner Laiensphäre eine für den Vorsatz ausreichende Kenntnis der Tatumstände. Somit liegt kein Tatbestandsirrtum gem. § 16 I StGB, sondern bloß ein vermeidbarer Verbotsirrtum des G vor.

b) Zur Täuschung im Rechtsverkehr

> **DEFINITION**
> Zur **Täuschung im Rechtsverkehr** handelt, wer zur Zeit der Tathandlung den Willen hat, durch Gebrauch der Urkunde einen anderen über die Echtheit der Urkunde zu täuschen und damit zu einem durch den Falschheitsgehalt (mit-)motivierten rechtserheblichen Verhalten zu veranlassen, oder wer diesen Willen eines Dritten kennt und mit dessen Verwirklichung rechnet.

Dolus directus 2. Grades genügt

Das rechtserhebliche Verhalten muss der Täter mindestens unbedingt wollen (direkter Vorsatz), es muss ihm nicht darauf ankommen.

MERKSATZ
Wenn das Gesetz eine „Absicht" verlangt, aber eine „Schädigungstendenz" beschreibt, ist keine Absicht i.S.v. dolus directus 1. Grades erforderlich.

Ob die Täuschung gelingt und ob der Täter beim Fälschen oder Verfälschen überhaupt schon eine bestimmte Person oder Gelegenheit ins Auge gefasst hat, ist unerheblich. Folgerichtig bezieht die Rspr. hier auch den Fall ein, dass zu dem Zweck gefälscht oder verfälscht wird, später nicht das Falsifikat selbst, sondern nur eine Fotokopie davon zur Täuschung zu verwenden. Wer dagegen nur aus Eitelkeit dem Ferienfreund ein jüngeres Alter vorschwindeln will, täuscht nicht im Rechtsverkehr.

II. VERTIEFUNGSPROBLEME

1. Fälschung eigener Urkunden
Ein gerne geprüftes Problem ist die Frage, ob der ursprüngliche Ersteller der Urkunde in der Lage ist, an dieser von ihm selbst herrührenden Urkunde eine Verfälschung zu begehen.

FALL 12: IST DAS NOCH MEINE KLAUSUR?
Problemschwerpunkt: Verfälschung der eigenen Urkunde

SACHVERHALT

E hatte die Klausur für den Kleinen Schein im Strafrecht nach dem Ende der Arbeitszeit bei der Klausuraufsicht abgegeben. Da er mit den Konkurrenzen nicht ganz fertig geworden war, überredete er die Aufsicht mit der Ausrede, seine Matrikelnummer vergessen zu haben, ihm die Arbeit noch einmal kurz auszuhändigen. Dabei ergänzte er noch schnell die Ausführungen zu den Konkurrenzen, obwohl die Arbeitszeit bereits überschritten war. Anschließend gab er die Klausur der Aufsicht zurück.

nach BGHSt. 17, 297; lehrreich auch AG Pfaffenhofen, NStZ-RR 2004, 170 (Fall mit mittelbarer Täterschaft)

Strafbarkeit des E gem. § 267 StGB?

A. Strafbarkeit des E gem. § 267 I Var. 2 StGB durch nachträgliche Ergänzung der Klausur

LÖSUNG

E könnte sich wegen Urkundenfälschung gemäß § 267 I Var. 2 StGB strafbar gemacht haben, indem er seine Klausur nachträglich ergänzte.

I. TATBESTAND

1. Objektiver Tatbestand

a) Tatobjekt: Urkunde
Bei der Klausur des E müsste es sich um eine Urkunde handeln.

> **DEFINITION**
> Eine **Urkunde** ist jede verkörperte Gedankenerklärung, die zum Beweis im Rechtsverkehr geeignet und bestimmt ist und ihren Aussteller erkennen lässt. Sie ist echt, wenn sie den wirklichen Aussteller (den Erklärenden) erkennen lässt.

Klausur als Urkunde

Die Klausur des E stellt die schriftlich fixierte und damit verkörperte Gedankenerklärung dar, wie die Prüfungsaufgabe seiner Auffassung nach zu lösen sei. Weiterhin ist sie zum Beweis im Rechtsverkehr geeignet und bestimmt. Zudem lässt sie durch Hinzufügen der Matrikelnummer den E als Aussteller eindeutig zuordnen. Die Klausur stellt somit eine Urkunde dar. Sie lässt den E als wirklichen Aussteller erkennen und ist somit echt.

b) Tathandlung: Verfälschen
E müsste die Urkunde verfälscht haben.

Problem: Kann Ersteller eigene Urkunde verfälschen?

> **DEFINITION**
> **Verfälschen** ist das nachträgliche Verändern des gedanklichen Inhalts einer echten Urkunde, welches den Anschein erweckt, der Aussteller habe die Erklärung von Anfang an so abgegeben, wie sie nach der Veränderung vorliegt.

Durch die nachträglichen Veränderungen des Inhalts wird der Anschein erweckt, dass die Klausur von vorneherein den jetzigen Inhalt hatte. Ein Verfälschen ist damit gegeben.

§ 267 StGB schützt nicht vor bloßer schriftlicher Lüge.

Fraglich ist jedoch, ob auch das nachträgliche Verändern des Inhalts durch den ursprünglichen Aussteller überhaupt als ein tatbestandsmäßiges Verhalten angesehen werden kann. Grundsätzlich schützt § 267 StGB nicht die Wahrheit des Urkundeninhalts, sondern soll sicherstellen, dass sie auch von dem Austeller stammt, der zu erkennen ist (Garantiefunktion). Ob der Aussteller der ursprünglichen Urkunde diese verfälschen kann, ist umstritten.

Einer Ansicht nach ist das spätere Verändern der Urkunde durch den ursprünglichen Aussteller nicht gemäß § 267 StGB strafbar. § 267 StGB schütze den Rechtsverkehr nur gegen Schaffung falscher, nicht aber gegen Verletzung der Integrität bestehender Beweismittel, sodass das Ergebnis immer eine unechte Urkunde sein müsse. Es seien somit nur Fälle der Identitätstäuschung umfasst, bei denen die Urkunden nicht von der Person stammen, die als ihr Aussteller zu erkennen ist. Andernfalls würde § 276 StGB doch die schriftliche Lüge bestrafen. Das fremde Beweisinteresse werde hingegen nur von § 274 I Nr. 1 bzw. § 263 StGB geschützt. E bliebe unverändert der Ersteller der Klausur, sodass dieser Ansicht folgend kein Verfälschen vorliegt.

M.M.: In Betracht kommt nur § 274 StGB

Einer anderen Auffassung nach kann auch der ursprüngliche Aussteller selbst die Urkunde verfälschen, wenn er die Dispositionsbefugnis über sie nicht mehr ausschließlich besitzt. Grundsätzlich sei die zweite Variante des § 267 I StGB zwar ein Unterfall der ersten Variante, sie erlange jedoch selbstständige Bedeutung, wenn der ursprüngliche Aussteller seine Erklärung nachträglich unbefugt ändert. In einem solchen Fall versage die allgemeine Regel, denn der Aussteller bliebe unverändert, er stehe nur nicht mehr hinter seiner vorigen Erklärung. So ließe sich der Begriff der Echtheit nicht nur ausstellerbezogen, sondern zugleich, bezüglich des Zeitpunktes der Begehung, erklärungsbezogen verstehen. Im Interesse von Sicherheit und Zuverlässigkeit des Rechtsverkehrs könne die Abänderungsbefugnis des Ausstellers nur so lange andauern, bis die Urkunde in den Rechtsverkehr gebracht ist. Mit Abgabe der Klausur zum Ende der Bearbeitungszeit hat neben E auch die Klausuraufsicht ein legitimes Beweisinteresse an der Klausur erlangt, sodass damit die Änderungsbefugnis des E endete. Dieser Auffassung nach liegt ein Verfälschen vor.

H.M.: Auch Ersteller kann verfälschen

Die Ansichten kommen zu unterschiedlichen Ergebnissen, ein Streitentscheid ist somit notwendig. Für die letztgenannte Ansicht spricht zunächst, dass der Aussteller der Urkunde nach Beendigung seines ausschließlichen Beweisführungsrechts dieser wie ein beliebiger Dritter gegenüber steht. Demzufolge wäre er bezüglich der Täterschaft auch nicht anders zu beurteilen. Darüber hinaus steht die erstgenannte

Stellungnahme

Ansicht nicht mit dem Wortlaut des § 267 I StGB im Einklang. § 267 I Var. 3 StGB erwähnt das Gebrauchen einer unechten oder echten Urkunde. Wäre das Ergebnis eines Verfälschens immer eine unechte Urkunde, wäre die zweite Alternative des § 267 I Var. 3 StGB jedoch überflüssig. Auch wäre die Tatbestandsvariante des Verfälschens damit überflüssig. Der letztgenannten Ansicht ist damit der Vorzug zu geben. Ein Verfälschen liegt mithin vor.

2. Subjektiver Tatbestand

> Keine juristische Subsumtion des Täters notwendig, Parallelwertung in der Laiensphäre ausreichend

a) Vorsatz
E handelte mit dem Willen zur Verwirklichung des objektiven Tatbestandes sowie in Kenntnis aller Tatumstände, also vorsätzlich.

b) Täuschungsabsicht

> Sicheres Wissen reicht aus

Zudem müsste E mit Täuschungsabsicht gehandelt haben. Die Absicht muss dabei keine Absicht im engen Sinne (dolus directus 1°) sein, es genügt das sichere Wissen, dass die Urkunde in den Rechtsverkehr gelangen soll (dolus directus 2°). E wusste, dass die Klausur nach seinen Ergänzungen wieder zurück genommen wird, seine Ergänzungen sollten gerade bei seiner Klausurbewertung mitberücksichtigt werden. E handelte somit in Täuschungsabsicht.

II. RECHTSWIDRIGKEIT
Mangels entgegenstehender Rechtfertigungsgründe handelte E rechtswidrig.

III. SCHULD
E handelte auch schuldhaft.

IV. ERGEBNIS
E hat sich wegen Urkundenfälschung gemäß § 267 I Var. 2 StGB strafbar gemacht, indem er seine Klausur nachträglich ergänzte.

B. Strafbarkeit des E gemäß § 267 I Var. 3 StGB durch die Rückgabe der Klausur nach Vornahme der Ergänzung

Durch das Zurücklegen der Klausur hat sich E zudem gemäß § 267 I Var. 3 StGB strafbar gemacht.

Da sein Gebrauchsvorsatz bereits im Zeitpunkt des Verfälschens vorlag, handelt es sich im Ergebnis um einen einheitlichen Verstoß gegen § 267 I StGB.

> **MERKSATZ**
> Selbstständige Bedeutung hat das Verfälschen nur, wenn der Aussteller selbst handelt. Auch er kann die von ihm selbst herrührende Urkunde verfälschen, wenn er keine alleinige Verfügungsgewalt über deren Inhalt mehr hat.

FALLENDE

2. Besondere Urkundsformen
Neben den „normalen" Urkunden (z.B. ausgestellter Schuldschein, Testament) gibt es noch besondere Urkundsformen, die häufig geprüft werden.

a) Zusammengesetzte Urkunde

> **DEFINITION**
> Bei einer **zusammengesetzten Urkunde** wird eine verkörperte menschliche Gedankenerklärung mit einem Augenscheinsobjekt fest zu einer Beweismitteleinheit verbunden, die den Aussteller erkennen lässt.

Ein „klassischer" Fall der zusammengesetzten Urkunde ist das an einem Fahrzeug angebrachte, für dieses Fahrzeug ausgegebene und mit dem Dienststempel der Zulassungsbehörde versehene amtliche Kennzeichen. Ein weiterer Klassiker ist das Preisschild, welches fest mit der Ware verbunden ist. Streitig ist der Fall des Verkehrszeichens.

Zum Verkehrszeichen: Böse, NStZ 2005, 370, 370 f.

FALL 13: „DIE EWIGE FAHRKARTE"
Problemschwerpunkt: § 274: Urkundenunterdrückung

F hat eine Fahrkarte für den öffentlichen Nahverkehr ganzflächig mit einer durchsichtigen Folie überklebt. Diese ermöglicht es ihm, den Stempelaufdruck des Entwerterautomaten nach Fahrtende durch kräftiges Reiben mit dem Finger über die Folie wieder zu entfernen. Nach einer Fahrt mit der Straßenbahn entfernt F den Aufdruck des Entwerterautomaten wieder.

A. Strafbarkeit des F gem. § 267 I Var. 2 StGB durch Überkleben des Fahrscheins

F könnte sich wegen Urkundenfälschung gemäß § 267 I Var. 2 StGB strafbar gemacht haben, indem er die Fahrkarte mit einer durchsichtigen Folie überklebte.

I. TATBESTAND

1. Objektiver Tatbestand

a) Tatobjekt: Urkunde
Bei der Fahrkarte müsste es sich um eine Urkunde handeln. Die Fahrkarte stellt eine verkörperte menschliche Gedankenerklärung dar (Perpetuierungsfunktion), die zum Beweis im Rechtsverkehr geeignet und bestimmt ist (Beweisfunktion) und ihren Aussteller, hier den die Fahrkarte ausgebenden Verkehrsbetrieb, erkennen lässt (Garantiefunktion). Es handelt sich mithin um eine Urkunde.

b) Tathandlung: Verfälschen
Fraglich ist, ob F die Urkunde auch verfälscht hat.

> **DEFINITION**
> **Verfälschen** ist jedes unbefugte, nachträgliche verändern der Beweisrichtung der Urkunde in der Weise, dass sie nachher etwas anderes zu beweisen scheint als vorher.

Ranft, Jura 1993, 84, 85

F hatte die Urkunde mit einer durchsichtigen Folie überklebt. Der Aussteller sowie der Inhalt der Erklärung, nämlich dass die von den Verkehrsbetrieben ausgegebene Fahrkarte nach Entwertung zur Benutzung ihrer Fahrzeuge berechtigt, blieben jedoch unverändert. Gedanklicher Inhalt der Fahrkarte ist gerade nicht, dass sie physikalisch zur Aufnahme des Entwertungsstempels geeignet ist. Die Fahrkarte scheint mithin nach der Veränderung durch F nicht etwas anderes zu beweisen als vorher. Ein Verfälschen ist somit nicht gegeben.

2. Zwischenergebnis
Der Tatbestand des § 267 I Var. 2 StGB ist nicht verwirklicht.

II. ERGEBNIS
F hat sich nicht wegen Urkundenfälschung gemäß § 267 I Var. 2 StGB strafbar gemacht, indem er den Fahrschein mit einer durchsichtigen Folie überklebte.

B. Strafbarkeit des F gem. § 274 I Nr. 1 StGB durch Entfernen des Stempelaufdrucks
F könnte sich jedoch wegen Urkundenunterdrückung gemäß § 274 I Nr. 1 StGB strafbar gemacht haben, indem er den Stempelaufdruck entfernte.

I. TATBESTAND

1. Objektiver Tatbestand

a) Tatobjekt: Urkunde oder technische Aufzeichnung
Als Tatobjekt kommen Urkunden sowie technische Aufzeichnungen in Betracht.

aa) Urkunde
Der Stempelaufdruck könnte eine Urkunde darstellen.

> **DEFINITION**
> Eine **Urkunde** ist jede verkörperte Gedankenerklärung, die zum Beweis im Rechtsverkehr geeignet und bestimmt ist und ihren Aussteller erkennen lässt. Sie ist echt, wenn sie den wirklichen Aussteller (den Erklärenden) erkennen lässt.

Die verkörperte Gedankenerklärung des Stempelaufdrucks ist, dass die Fahrkarte für eine bestimmte Fahrt benutzt worden ist. Fraglich ist jedoch,

Problem: Verständlichkeit für jedermann

ob die Beweisfunktion gegeben ist, wenn der Stempelaufdruck nicht für jedermann verständlich ist.

M.M. Einer Ansicht nach liegt eine Urkunde dann vor, wenn Schriftzeichen verwendet werden. Der Stempelaufdruck enthält Buchstaben und Zahlen, sodass die mangelnde Lesbarkeit für jedermann der Qualifikation des Stempelaufdrucks als Urkunde dieser Ansicht nach nicht entgegensteht.

Einer anderen Auffassung nach reicht es aus, wenn die Zeichen für Angehörige des Verkehrskreises, an die sich die Erklärung richtet, lesbar sind. Dies ist für die Fahrkartenkontrolleure der Verkehrsbetriebe der Fall, sodass die mangelnde Lesbarkeit für jedermann auch dieser Auffassung nach kein Problem darstellt.

H.M. Die Ansichten kommen zum selben Ergebnis. Einer Entscheidung des Streits bedarf es daher nicht.

> **KLAUSURHINWEIS**
> Würde die Fahrkarte statt durch Stempelaufdruck durch ein Loch entwertet werden, so würde die erstgenannte Ansicht zu einem anderen Ergebnis gelangen. So wird vertreten, die Qualifizierung des Lochs in der Fahrkarte als Urkunde würde die Wortlautgrenze überschreiten.
>
> Hiergegen ließe sich anführen, dass die Schrifturkunde nur den Idealtyp der Urkunde darstellt. Auch vermag diese Ansicht vor dem Hintergrund der heutigen (sowie schon der historischen) Bedeutung von wortlosen Beweiszeichen und der damit einhergehenden Schutzbedürftigkeit nicht überzeugen.

Sodann erscheint problematisch, dass die durch den Stempelaufdruck verkörperte Gedankenerklärung für sich betrachtet keinen Sinn ergibt. Dieser ergibt sich erst durch die Verbindung mit dem Fahrschein.

Zusammengesetzte Urkunde Fraglich ist, ob man Stempelaufdruck und Fahrschein als zusammengesetzte Urkunde ansehen kann.

M.M.: Nicht anzuerkennen Einer Auffassung nach ist die Figur der zusammengesetzten Urkunde eine unzulässige Fiktion und stellt somit keine Urkunde iSd. §§ 267 ff. StGB dar. Dieser Auffassung nach ist der Stempelaufdruck in Verbindung mit der Fahrkarte nicht als Urkunde anzusehen.

Eine andere Auffassung erkennt zusammengesetzte Urkunden als Urkunden i.S.d. §§ 267 ff StGB an. Bei einer zusammengesetzten Urkunde ergäbe sich die Gedankenerklärung aus der Verbindung des Primärtextes mit einem anderen Gegenstand. Dieser Auffassung folgend stellt der Stempelaufdruck in Verbindung mit der Fahrkarte eine (zusammengesetzte) Urkunde dar.

Von h.M. aber anerkannt

Die Auffassungen kommen zu unterschiedlichen Ergebnissen, sodass es einer Entscheidung bedarf. Gegen die erstgenannte Auffassung spricht, dass sie übersieht, dass die Verbindung eines Primärtextes mit einem Gegenstand eine über den des Primärtextes hinausgehenden Erklärungsinhalt erhalten kann. Zudem verkennt die Auffassung auch hier die hohe praktische Bedeutung der wortlosen Beweiszeichen. Somit ist der letztgenannten Auffassung zu folgen, zusammengesetzte Urkunden stellen Urkunden iSd. §§ 267 ff StGB dar.

Stellungnahme für Anerkennung

Somit ist entscheidend, ob aus der Verbindung des Stempelaufdrucks mit der Fahrkarte ein Erklärungsgehalt resultiert. Dies setzt unter anderem eine hinreichend feste Verbindung voraus, deren Anforderungen jedoch umstritten sind.

Problem: Hinreichend feste Verbindung

Einer Ansicht nach ist die Verbindung hinreichend fest, wenn sie sich nicht von selbst löst, sondern eine gezielte Einwirkung erforderlich ist. Der Stempelaufdruck auf der durchsichtigen Folie verschwindet nicht, ohne dass durch ein Verwischen der Stempelfarbe gezielt eingewirkt werden muss. Dieser Ansicht nach ist die Verbindung somit hinreichend fest.

Einer anderen Auffassung nach muss die Verbindung auch einer absichtlichen Trennung einen gewissen Widerstand entgegensetzen. Zwar kann der Stempelaufdruck wieder entfernt werden, jedoch ist hierzu eine größere Krafteinwirkung erforderlich, sodass ein gewisser Widerstand überwunden werden muss. Auch dieser Auffassung bilden Stempelaufdruck und Fahrkarte eine zusammengesetzte Urkunde.

Durch die Verbindung von Stempelaufdruck und Fahrkarte resultiert ein neuer Erklärungsinhalt, nämlich dass die Fahrkarte für eine bestimmte Fahrt genutzt wurde. Folglich liegt eine zusammengesetzte Urkunde vor.

bb) Technische Aufzeichnung

Zudem könnte es sich bei dem Stempelaufdruck um eine technische Aufzeichnung handeln. Der Begriff der technischen Aufzeichnung ist in § 268 II StGB legaldefiniert. Im Vergleich zu einer Urkunde fehlt es bei der technischen Aufzeichnung vor allem an der menschlichen Gedankenerklärung. Wesentlicher Erklärungsinhalt des Stempelaufdrucks ist die Tatsache, dass die Fahrkarte entwertet wurde. Die Erklärung, dass ein bestimmter Fahrgast die Fahrkarte zu einer bestimmten Zeit in einer bestimmten Verkehrslinie benutzt hat, kommt jedoch erst in Verbindung mit der Fahrkarte zustande. Der Messwert der Zeitangabe stellt für sich genommen jedoch keinen eigenen Erklärungsgegenstand dar. Bei dem Stempelaufdruck handelt es sich somit nicht um eine technische Aufzeichnung.

b) Tathandlung

F müsste die Urkunde vernichtet, beschädigt oder unterdrückt haben.

> z.B.: Zerstören, Unleserlichmachen oder Trennung einer zusammengesetzten Urkunde

DEFINITION

Vernichten ist die völlige Beseitigung der beweiserheblichen Substanz, d.h. die Urkunde oder technische Aufzeichnung hat aufgehört zu existieren.

Beschädigen ist die Beeinträchtigung der Urkunde oder technischen Aufzeichnung in ihrem Wert als Beweismittel.

Unterdrücken ist jede Handlung, durch die dem Beweisführungsberechtigten die Urkunde oder technische Aufzeichnung und damit die Beweisführungsmöglichkeit dauernd oder zeitweilig entzogen oder vorenthalten wird.

Durch das Entfernen des Stempelaufdrucks auf der mit Folie beklebten Fahrkarte hat F einen Teil der zusammengesetzten Urkunde zum Verschwinden gebracht, sodass die zusammengesetzte Urkunde, bestehend aus Stempelaufdruck und Fahrkarte, aufgehört hat zu existieren. F hat die Urkunde somit vernichtet.

2. Subjektiver Tatbestand

F handelte in Kenntnis aller Tatumstände sowie mit dem Willen zur Tatbestandsverwirklichung, also vorsätzlich.

II. RECHTSWIDRIGKEIT
Mangels entgegenstehender Rechtfertigungsgründe handelte F rechtswidrig.

III. SCHULD
F handelte auch schuldhaft.

IV. ERGEBNIS
F hat sich einer Urkundenunterdrückung gemäß §274 I Nr. 1 StGB strafbar gemacht, indem er den Stempelaufdruck entfernte.

FALLENDE

b) Beweiszeichen/Kennzeichen
Ausgehend von der Möglichkeit der Verbindung einer Erklärung mit einem Gegenstand (zusammengesetzte Urkunde) werden nach h.M. auch sog. **Beweiszeichen** vom Schutz der §§ 267 ff. StGB umfasst.

> **MERKSATZ**
> Es handelt sich hierbei um Zeichen, die mit einem Gegenstand fest verbunden sind, eine Gedankenerklärung des Urhebers vermitteln und auch unter Heranziehung von Auslegungshilfen dazu geeignet und bestimmt sind, Beweis im Rechtsverkehr zu erbringen.
>
> Das Gegenteil bilden **Kenn- oder Unterscheidungszeichen**, die sich nicht auf eine beweiserhebliche Tatsache beziehen und lediglich der Individualisierung bzw. Unterscheidung dienen.

BEISPIELE für **Beweiszeichen**: Kreidezeichen auf einem Strandkorb als Zeichen für bezahlte Miete, Künstlerzeichen am Gemälde, Stempel des Fleischbeschauers

BEISPIELE für **Kennzeichen**: Autogramme, Firmenaufdrucke zu Werbezwecken, Garderobenmarken

AUSSAGEDELIKTE UND STRAFVEREITELUNG

A. Einführung Aussagedelikte
Die Aussagedelikte schützen die **staatliche Rechtspflege**.
Im Rahmen dieses Pockets muss die Darstellung auf die §§ 153, 154 StGB begrenzt werden.

Tauglicher Täter

Wichtig ist hierbei zunächst die unterschiedliche Beschreibung der **tauglichen Täter**. Während es in **§ 153 StGB** heißt „wer als Zeuge oder Sachverständiger", wird der Täter bei § 154 StGB allgemein mit „wer" beschrieben. Damit ist auch die Partei im Zivilprozess tauglicher Täter eines Meineids, wohingegen sie § 153 StGB nicht verwirklichen kann.

> **KLAUSURHINWEIS**
> Für den Zeugen und den Sachverständigen ist der Meineid damit quasi eine Qualifikation, für die Partei im Zivilprozess hingegen Grunddelikt. Dennoch lautet in beiden Fällen die Paragrafenkette bloß „§ 154 StGB" und nicht „§§ 153, 154 StGB".

Angeklagter

Der Angeklagte selbst kommt nicht als Täter in Betracht, da er sich nicht selbst belasten muss (nemo tenetur se ipsum accusare).

161a I 3 StPO

Die Aussagedelikte können nur **vor einem Gericht** oder einer anderen zur eidlichen Vernehmung zuständigen Stelle begangen werden. Merken Sie sich hierzu unbedingt § 161a I 3 StPO: „Die eidliche Vernehmung bleibt dem Richter vorbehalten."

MERKSATZ
Falsche Aussagen bei der Polizei oder Staatsanwaltschaft begründen keine Strafbarkeit nach den Aussagedelikten.

§ 154 StGB ist ein Verbrechen und kann folglich auch versucht werden. Da es im deutschen Strafprozess nur einen sog. **„Nacheid"** gibt, stellt sich die Frage nach dem Zeitpunkt des Versuchsbeginns.

> **MERKSATZ** — Nacheid
> Nacheid: Erst nach der Aussage des Zeugen entscheidet das Gericht gem. § 59 StPO, ob es den Zeugen unter Eid nehmen wird. Lösen Sie sich also vom amerikanischen Gerichtsfilm, wo der Eid schon vor der Aussage geleistet wird (sog. „Voreid").

Vollendet ist § 154 StGB mit dem letzten Wort der Eidesformel, vgl. § 64 StPO. Hingegen ist § 153 StGB vollendet, wenn es keine Fragen mehr an den Zeugen gibt. Das prozessuale Indiz hierfür ist die Entscheidung des Gerichts über die Vereidigung gem. § 59 StPO.

Vollendungszeitpunkt

Im Zivilprozess liegt neben den §§ 153 ff. StGB i.d.R. auch ein (versuchter) **Prozessbetrug** vor. Im Strafprozess geht es meist um eine Strafvereitelung (falsches Alibi) oder um eine falsche Verdächtigung, § 164 StGB, wenn jemand zu Unrecht belastet wird. Erfolgt im letzteren Fall eine Verurteilung zu einer Geldstrafe, kommt ein Betrug in Betracht, bei einer Haftstrafe eine Freiheitsberaubung in mittelbarer Täterschaft. Letzteres dürfte abzulehnen sein, da das Gericht kein „Werkzeug" in der Hand des lügenden Zeugen ist (**arg.** § 261 StPO). Eine **mittelbare Falschbeurkundung**, § 271 StGB, wegen der Protokollierung der Lüge des Zeugen, liegt schon deshalb nicht vor, weil das Protokoll der Hauptverhandlung nur wiedergeben soll, was der Zeuge ausgesagt hat, nicht dass dies auch der Wahrheit entspricht.

Typische Begleitdelikte

B. Einführung Strafvereitelung

Als Folge des Grundsatzes, dass man sich nicht selbst belasten muss, kann die Strafvereitelung nur zugunsten eines anderen begangen werden. Auf dem gleichen Gedanken basiert § 258 V StGB.

Nemo tenetur se ipsum accusare

BEISPIEL 1: Hehler H nimmt eine Strafvereitelungshandlung zugunsten des Vortäters vor, damit auch seine daran anknüpfende Hehlereihandlung unentdeckt bleibt.

> **KLAUSURHINWEIS**
> Auf persönliche Konfliktlagen nimmt § 258 VI StGB Rücksicht. Abs. 5 und 6 sind **Strafaufhebungsgründe**, die erst nach der Schuld geprüft werden.

Die Strafvereitelung existiert in der Variante der Strafverfolgungs- und der Strafvollstreckungsvereitelung.

Arten der Strafvereitelung

BEISPIEL 2: Strafverfolgungsvereitelung: T vernichtet ein wichtiges Beweismittel, weshalb A nicht verurteilt wird.

BEISPIEL 3: Strafvollstreckungsvereitelung: A ist rechtkräftig zu einer Haftstrafe verurteilt worden. T hilft A bei der Flucht ins Ausland, damit diesem die Haft erspart bleibt.

Erfolgsdelikt

§ 258 StGB ist ein Erfolgsdelikt. Verlangt wird aber keine endgültige Vereitelung, sondern es genügt bereits eine relevante Verzögerung der Durchsetzung des staatlichen Strafanspruchs (ca. 14 Tage). Die Tat ist gem. Abs. IV auch als Versuch strafbar.

BEISPIEL 4: Im obigen Beispiel 2 wird A trotz des von T vernichteten Beweismittels verurteilt.

SACHVERHALT

FALL 14: LÜGEN FÜR DEN FREISPRUCH
Problemschwerpunkt: Meineid und Strafvereitelung

A ist wegen schwerer räuberischer Erpressung angeklagt. Da er die Tat tatsächlich begangen hat, überlegt er, wie er der Strafe entgehen könnte. Er bittet daher seinen besten Freund Z, ihm im Strafverfahren ein falsches Alibi zu geben. Z sagt ihm dies zu.
Hierbei gehen beide davon aus, dass Z sowohl in der ersten Instanz als auch in einer eventuellen Berufungsverhandlung unter Eid genommen werden könnte. Z sagt daraufhin sowohl in der ersten Instanz vor dem Schöffengericht am Amtsgericht als auch zehn Monate später im Berufungsverfahren vor der kleinen Strafkammer am Landgericht vereinbarungsgemäß aus.

In beiden Fällen wurde Z unter Eid genommen. A wurde in beiden Instanzen freigesprochen.

Strafbarkeit des Z?

TATKOMPLEX 1: DIE VEREINBARUNG ZWISCHEN A UND Z

LÖSUNG

A. Strafbarkeit des Z gem. §§ 30 II Var. 1, 154 I StGB

> I. Vorprüfung
>   1. Nichtvorliegen einer Beteiligung
>   2. Strafbarkeit der versuchten Beteiligung
>   (inkl. Verbrechenscharakter)
> II. Tatentschluss
>   1. Vorsatz bzgl. der angesonnenen Haupttat
>   2. Vorsatz bzgl. der Beteiligung an der Haupttat
> III. Verwirklichung einer der Beteiligungsformen im
>   Vorbereitungsstadium
>   1. Sich-Bereiterklären
>   2. Annahme des Erbietens
>   3. Verabredung
> IV. Rücktritt, § 31 I Nr. 2, 3, II StGB

PRÜFUNGSSCHEMA

Prüfungsschema
versuchte
Anstiftung

> **KLAUSURHINWEIS**
> Das Prüfungsschema wird nicht einheitlich gehandhabt. Das hier vorgeschlagene der sonstigen Vorbereitungshandlungen in § 30 II StGB basiert (ebenso wie dasjenige der versuchten Anstiftung bei § 30 I StGB) auf einer Versuchsstruktur. Der Aufbau sollte sich also am subjektiven Tatbestand orientieren. Dies hat seinen Grund darin, dass die Modalitäten in § 30 II StGB auf Tatbestände bezogen sind, die nicht einmal im Stadium des Versuchs vorliegen. Deshalb lässt sich das intendierte Unrecht besser beschreiben, wenn zunächst geprüft wird, was sich der Tatbeteiligte vorgestellt hat. Auch ist der Prüfungspunkt des Rücktritts so besser zu erklären.

Gropp, AT, § 9 Rn 106; für Prüfungsschema wie bei der Teilnahme aber Kühl/Hinderer, JuS 2010, 697

Z könnte sich wegen Beteiligung an einer Vorbereitungshandlung zu einem Verbrechen, nämlich einer Verbrechensverabredung zum Meineid, gem. §§ 30 II Var. 1, 154 I StGB strafbar gemacht haben, indem er A zusicherte, für ihn falsch auszusagen.

§ 30 StGB eigentlich subsidär

> **KLAUSURHINWEIS**
> An sich ist die Strafbarkeit gem. § 30 StGB subsidiär und wird deshalb i.d.R. am Ende des Gutachtens geprüft. Es wird also erst geprüft, welche Verbrechen die Beteiligten begangen oder zumindest versucht haben. Erst danach wird geprüft, ob es Verabredungen, versuchte Anstiftungen, etc. gab, die über das Geschehene hinaus gingen. Nur dann hat § 30 StGB eine eigenständige Bedeutung. Warum hier anders vorgegangen werden muss, werden die späteren Ausführungen im 2. Tatkomplex bei der Strafvereitelung, § 258 StGB, zeigen.

I. VORPRÜFUNG

Verbrechen iSd. § 12 I StGB

Der Meineid gem. § 154 StGB ist ein Verbrechen i.S.d. § 12 I StGB. Der Versuch der Beteiligung ist also strafbar.

II. TATENTSCHLUSS

Z hatte den Vorsatz, als Zeuge vor einem Gericht unter Eid eine falsche Aussage zu machen. Den darin liegenden Meineid wollte er als Täter begehen.

III. SICH-BEREITERKLÄREN

Z müsste sich zum Verbrechen des Meineids bereiterklärt haben.

Definition: Sich-Bereiterklären

> **DEFINITION**
> Ein **Sich-Bereiterklären** zu einem Verbrechen liegt vor, wenn der Täter vorbehaltlos seine Bereitschaft zur Begehung eines Verbrechens einem anderen gegenüber kundtut.

Dies kann sowohl in einem aktiven Sich-Erbieten, als auch als Reaktion auf die Aufforderung eines anderen geschehen. Z hat sich dem A gegenüber auf dessen Bitte hin bereit erklärt, für diesen im Strafverfahren einen Meineid zu begehen.

IV. RECHTSWIDRIGKEIT

Mangels entgegenstehender Rechtfertigungsgründe handelte Z rechtswidrig.

V. SCHULD

Z handelte auch schuldhaft.

VI. KEIN RÜCKTRITT, § 31 I Nr. 2, II StGB
Z hat weder sein Vorhaben aufgegeben, noch ist die Tat ohne sein Zutun unterblieben. Ein Rücktritt des Z kommt somit nicht in Betracht.

Kein Rücktritt

VII. ERGEBNIS
Z hat sich wegen Bereiterklärens zum Meineid gem. §§ 30 II Var. 1, 154 I StGB strafbar gemacht, indem er dem A zusicherte, für ihn unter Eid falsch auszusagen.

B. Strafbarkeit des Z gem. §§ 258 I, IV, 22, 23 I StGB
Die Absprache zwischen A und Z ist lediglich als Vorbereitungshandlung einzustufen, sodass Z in diesem Stadium noch nicht zur Tatbestandsverwirklichung angesetzt hat.

> **KLAUSURHINWEIS**
> Dies ist evident und kann deshalb in dieser Kürze abgehandelt werden.

TATKOMPLEX 2: DIE ERSTINSTANZLICHE AUSSAGE DES Z

A. Strafbarkeit des Z gem. § 258 I StGB
Z könnte sich durch seine erstinstanzliche Aussage wegen Strafvereitelung gem. § 258 I StGB strafbar gemacht haben.

I. TATBESTAND

1. Objektiver Tatbestand

a) Vortat aus der sich ein staatlicher Anspruch auf Strafe oder eine Maßnahme ergibt
Es müsste eine Vortat vorliegen. Hierbei kommt nur eine bereits begangene Tat in Betracht. Eine Vollendung oder gar Beendigung ist jedoch nicht notwendig, sodass auch ein Versuch oder eine strafbare Vorbereitungshandlung als taugliche Vortat zu qualifizieren ist. Als Vortat ist hier die schwere räuberische Erpressung des A gem. §§ 253 I, 255, 250 StGB anzusehen.

b) Vereiteln der Bestrafung
Z müsste die Strafverfolgung ganz oder zum Teil vereitelt haben.

> **DEFINITION**
> **Vereiteln** ist die Verhinderung des staatlich begründeten Zugriffsrechts für eine geraume Zeit.
> **Teilweise vereiteln** bedeutet die Vereitelung eines inhaltlich begrenzten Teils der Strafe.

§ 258 StGB verlangt keine endgültige Vereitelung

Die Strafverfolgung oder Anordnung einer Maßnahme muss nicht aus rechtlichen oder tatsächlichen Gründen völlig und endgültig unmöglich gemacht werden, vielmehr ist eine Verzögerung des Verfolgungsanspruchs für eine geraume Zeit ausreichend.

Relevante Verzögerung

Die notwendige Länge der Verzögerungsspanne wird unterschiedlich bewertet, jedoch ist eine Zeitspanne von zwei bis drei Wochen zur Begründung einer Verzögerung ausreichend.
Durch die Aussage des Z kam es in der ersten Instanz zu einem Freispruch des A, sodass dieser jedenfalls bis zum Urteil in der Berufungsinstanz der Strafe entzogen wurde. Das Berufungsverfahren begann erst zehn Monate später, es ist somit jedenfalls von einer erheblichen Verzögerung auszugehen.

Die Tathandlung wurde auch zugunsten eines anderen, nämlich des A, begangen.

Z hat die Bestrafung des A vereitelt, der objektive Tatbestand ist mithin verwirklicht.

2. Subjektiver Tatbestand

a) Vorsatz bezüglich der Vortat
Z müsste Vorsatz bezüglich der Vortat gehabt haben. Z wusste, das A eine schwere räuberische Erpressung begangen hatte und handelte somit hinsichtlich der Vortat des A vorsätzlich.

Bedingter Vorsatz (dolus eventualis) genügt nicht

b) Strafvereitelungsabsicht
Der subjektive Tatbestand setzt hinsichtlich der Verfolgungsvereitelung Absicht (dolus directus 1. Grades) oder sicheres Wissen (dolus directus 2. Grades) voraus.

Der Täter handelt absichtlich, wenn es ihm gerade auf den Vereitelungserfolg im Sinne eines End-, Zwischen- oder zumindest Nebenzieles ankommt. Hieran fehlt es, wenn der Täter mit seiner Handlung ausschließlich ein anderes Ziel (z.B. Verhinderung der Untersuchungshaft) verfolgt.
Er handelt wissentlich, wenn er den tatbestandsmäßigen Erfolg als sichere Folge seines Tuns erkennt oder voraussieht.

Z kam es gerade darauf an, die Strafverfolgung von B abzuwenden, sodass ihm Absicht zu unterstellen ist. Z handelte somit in Strafverfolgungsabsicht.

Der subjektive Tatbestand ist ebenfalls verwirklicht.

II. RECHTSWIDRIGKEIT
Mangels entgegenstehender Rechtfertigungsgründe handelte Z rechtswidrig.

III. SCHULD
Z handelte auch schuldhaft.

IV. PERSÖNLICHE STRAFAUSSCHLIESSUNGSGRÜNDE, §§ 258 V, VI StGB
Gründe, die die persönliche Strafbarkeit des Z ausschließen, sind nicht ersichtlich.

V. ERGEBNIS
Z hat sich durch seine erstinstanzliche Aussage wegen Strafvereitelung gem. § 258 I StGB strafbar gemacht.

B. Strafbarkeit des Z gem. § 154 I StGB
Z könnte sich wegen Meineids gem. § 154 I StGB strafbar gemacht haben, indem er falsch aussagte.

I. TATBESTAND

1. Objektiver Tatbestand

a) Aussage vor Gericht oder anderer zuständiger Stelle
Z machte seine Aussage in erster Instanz vor dem Schöffengericht am Amtsgericht.

b) Beschwören einer falschen Aussage
Z müsste falsch geschworen, d.h. eine falsche Aussage unter Eid gemacht haben. Fraglich ist insofern, wann eine falsche Aussage gegeben ist.

M.M.: Subjektive Theorie

Einer Ansicht nach ist eine Aussage falsch, wenn sie vom Vorstellungsbild des Täters abweicht (sog. subjektive Theorie). Entscheidend sei somit der Widerspruch zwischen gesprochenem Wort und Wissen des Täters. Das Recht dürfe nichts Unmögliches verlangen und könne somit nur die eigene Vorstellung des Zeugen, nicht hingegen die objektive Wirklichkeit abfragen. Die Aussage des Z weicht von dessen Vorstellungsbild ab, sodass dieser Ansicht folgend die Aussage falsch wäre.

H.M.: Objektive Theorie

Einer anderen Auffassung nach ist eine Aussage falsch, wenn ihr Inhalt mit dem wirklichen Geschehen nicht übereinstimmt (sog. objektive Theorie). Entscheidend sei also der Widerspruch zwischen gesprochenem Wort und der Wirklichkeit. Allein eine objektiv falsche Aussage könne die Rechtspflege gefährden. Auch sei nur die objektive Theorie mit den §§ 160 I, 161 I StGB vereinbar und ermögliche eine einheitliche Auslegung aller Aussagedelikte. Der Inhalt der Aussage des Z entsprach nicht der Wirklichkeit, sodass seine Aussage auch dieser Auffassung nach falsch wäre.

Die Ansichten kommen zum selben Ergebnis, ein Streitentscheid ist mithin entbehrlich. Die Aussage des Z ist falsch.

„Hilfsweise" Stellungnahme

> **KLAUSURHINWEIS**
> Sofern der Streit einmal entschieden werden muss, könnte wie folgt argumentiert werden:
> Für die **subjektive Theorie** spricht die Eidesformel des § 64 StPO. So ist nur zu schwören, „nach bestem Wissen" die Wahrheit gesagt zu haben. Jedoch hat die subjektive Theorie Probleme, das Nebeneinander der §§ 153 und 161 StGB zu erklären. Da das Gesetz die objektiv falsche Aussage von dem darauf bezogenen Vorsatz bzw. der Fahrlässigkeit (§ 161 StGB) unterscheidet und auch den Versuch des Meineids anerkennt, wird ein Falschheitsbegriff vorausgesetzt, der sich nicht am subjektiven Wissen orientiert. Zudem kann die subjektive Theorie den § 160 StGB nicht erklären. Auch verlangt die **objektive Theorie** letztlich nichts Unmögliches, da eine Strafbarkeit nur in Betracht kommt, sofern der Aussagende auch vorsätzlich bezüglich der Falschheit seiner Aussage handelt.

c) Taugliche Tätereigenschaft

Z müsste als Zeuge oder Sachverständiger falsch ausgesagt haben. Grundsätzlich ist Z als Zeuge tauglicher Täter. Möglicherweise könnte seiner Vereidigung jedoch das Vereidigungsverbot gem. § 60 Nr. 2 StPO entgegenstehen. Dafür müsste Z wegen Strafvereitelung hinsichtlich der Tat, welche den Gegenstand der Untersuchung bildet, verdächtig sein. Eine Strafvereitelung des Z im Zeitpunkt des Sich-Bereiterklärens gem. §§ 258 I, IV, 22 StGB ist nicht gegeben (vgl. Tatkomplex 1). Jedoch hat sich Z durch die vorangegangene falsche Aussage, bevor er im Anschluss unter Eid genommen wurde, gem. § 258 I StGB strafbar gemacht. Allerdings muss die in der Falschaussage liegende Strafvereitelung (bzw. der Strafvereitelungsversuch) für § 60 Nr. 2 StPO außer Betracht bleiben, da sonst jede uneidliche Falschaussage zugunsten des Angeklagten ein Vereidigungsverbot nach sich ziehen würde.

> **MERKSATZ** — Nacheid
> Im deutschen Strafprozess wird ein sog. **„Nacheid"** geleistet. Es wird also erst nach der Aussage entschieden, ob der Zeuge überhaupt unter Eid genommen wird, vgl. § 59 StPO. Deshalb ist § 153 StGB schon vollendet, wenn die Vereidigung beginnt. Beim Rücktritt vom versuchten Meineid, kommt bzgl. § 153 StB nur noch eine Berichtigung gem. § 158 StGB in Betracht.

Letztlich könnte bereits aus der begründeten Strafbarkeit des Z gem. §§ 30 II, 154 I StGB (vgl. Tatkomplex 1) ein Vereidigungsverbot resultieren. Der Versuch der Beteiligung am Meineid ist in § 60 Nr. 2 StPO jedoch nicht als Tat benannt. In Betracht kommt allenfalls eine analoge Anwendung der Norm.

Einer Ansicht nach ist § 60 Nr. 2 StPO auf den vorliegenden Fall analog anzuwenden. Sinn dieser Norm ist das Vermeiden der Zwangslage des Täters, entweder einen falschen Eid zu leisten oder eine eigene Straftat offenzulegen. Diese Zwangslage bestünde jedoch auch im Fall des vor der Aussage vereinbarten Meineids. So könne der Zeuge bei wahrheitsgemäßer Aussage und dadurch bedingter Aufkündigung der Abrede von dem enttäuschten Angeklagten wegen § 30 II StGB belastet werden. Somit sähe sich Z bei wahrheitsgemäßer Aussage der Gefahr der eigenen Strafverfolgung ausgesetzt.

so: OLG Hamburg NJW 1981, 771

Dieser Ansicht nach besteht die Notwendigkeit einer Analogie, sodass für

Z ein Vereidigungsverbot analog § 60 Nr. 2 StPO bestünde.

BGHSt. 30, 332, 334 f.

Einer anderen Auffassung nach ist eine analoge Anwendung des § 60 Nr. 2 StPO nicht geboten. Die wahrheitsgemäße Aussage unter Eid zur verfahrensgegenständlichen Tat berge nicht notwendigerweise die Gefahr der Aufdeckung der Tat gem. § 30 II StGB. Dieser Auffassung folgend besteht keine Notwendigkeit einer Analogie, der Vereidigung des Z stünde somit kein Verbot entgegen.

Stellungnahme

Die Ansichten kommen zu unterschiedlichen Ergebnissen, sodass eine Entscheidung des Streits erforderlich ist.

Gegen die erstgenannte Ansicht spricht, dass sich im Fall des § 60 Nr. 2 StPO der Aussagende bei wahrheitsgemäßer Aussage selbst eines strafbaren Verhaltens bezichtigen müsste, während der Täter der §§ 30 II, 154 I StGB durch die wahrheitsgemäße Aussage gem. § 31 I Nr. 2 StGB gerade Straffreiheit erlangt. In Wirklichkeit besteht somit gerade keine vergleichbare Interessenlage. Die bessere Argumentation spricht für die letztgenannte Auffassung, sodass eine analoge Anwendung des § 60 Nr. 2 StPO ausscheidet.

Z ist tauglicher Täter.

2. Subjektiver Tatbestand
Z handelte mit dem Willen zur Tatbestandsverwirklichung sowie in Kenntnis aller Tatumstände, mithin vorsätzlich.

II. RECHTSWIDRIGKEIT
Z handelte rechtswidrig.

III. SCHULD
Z handelte auch schuldhaft.

IV. ERGEBNIS
Z hat sich wegen Meineids gem. § 154 I StGB strafbar gemacht, indem er falsch aussagte.

FALL 14: LÜGEN FÜR DEN FREISPRUCH 159

> **MERKSATZ**
> Für den Zeugen und den Sachverständigen ist der Meineid eine Qualifikation der falschen uneidlichen Aussage. Nach Bejahung des § 154 StGB muss § 153 StGB folglich nicht mehr geprüft werden.
>
> Für die Partei im Zivilprozess ist § 154 StGB hingegen Grunddelikt, da die Zivilprozesspartei in § 153 StGB nicht als tauglicher Täter genannt ist.

Verhältnis §§ 153, 155 StGB

TATKOMPLEX 3: DIE ZWEITINSTANZLICHE AUSSAGE DES Z

A. Strafbarkeit des Z gem. § 154 I StGB
Z könnte sich durch seine zweitinstanzliche falsche Aussage ebenfalls gem. § 154 I StGB strafbar gemacht haben.

I. TATBESTAND
Zwar handelt es sich bei der zweitinstanzlichen Aussage des Z um eine mit der in erster Instanz vergleichbaren Falschaussage, die Z auch vorsätzlich abgab. Würde Z jedoch in zweiter Instanz eine wahrheitsgemäße Aussage machen, würde er sich selbst der Falschaussage in erster Instanz bezichtigen. Somit steht der Vereidigung des Z in zweiter Instanz das Vereidigungsverbot des § 60 Nr. 2 StPO entgegen (vgl. Tatkomplex 2).

> **KLAUSURHINWEIS**
> Keinesfalls dürfen Sie hier nochmals die gesamte Prüfung des § 154 StGB aus dem 2. Tatkomplex „nacherzählen". Vielmehr müssen Sie schnell zu dem sich hier stellenden neuen Problem kommen.

Fraglich ist, welche Auswirkungen die prozessordnungswidrige Vereidigung des Z auf die Strafbarkeit gem. § 154 I StGB hat.

Folgen der prozessordnungswidrigen Vereidigung

Eine Auffassung verneint die Tatbestandsmäßigkeit des § 154 I StGB. Sofern das staatliche Gericht einen Fehler bei der Vereidigung mache, „verwirke" der Staat seinen diesbezüglichen Strafanspruch wegen Meineids. In Betracht komme lediglich eine Bestrafung gem. § 153 StGB. Dieser Auffassung nach kommt eine Strafbarkeit des Z gem. § 154 I StGB nicht in Betracht.

Einer anderen Auffassung nach ist die Tatbestandsmäßigkeit des § 154 I StGB trotz Vereidigungsverbot anzunehmen, sofern die förmlichen

BGHSt. 10, 142, 144

Voraussetzungen der Vereidigung (§§ 64-67 StPO) berücksichtigt wurden. Anzeichen für Verstöße gegen die Formvorschriften sind nicht ersichtlich, sodass dieser Auffassung folgend die Strafbarkeit des Z gem. § 154 I StGB nicht ausgeschlossen ist.

Stellungnahme

Die Auffassungen kommen zu unterschiedlichen Ergebnissen, eine Entscheidung ist mithin erforderlich. Für die erstgenannte Auffassung spricht, dass prozessual unverwertbare Aussagen bei der gerichtlichen Wahrheitsfindung nicht berücksichtigt werden dürfen. Jedoch kann nicht ausgeschlossen werden, dass der Verfahrensverstoß im Einzelfall vom Gericht unerkannt bleibt und somit doch zur Entscheidungsgrundlage wird. Zudem spricht für die letztgenannte Auffassung, dass eine angemessene Berücksichtigung des Verstoßes gegen die Prozessordnung im Rahmen der Strafbemessung möglich ist. Somit ist die Strafbarkeit des Z gem. § 154 I StGB nicht durch dessen Vereidigung trotz Vereidigungsverbot ausgeschlossen.

Abwandlung: Verstoß gegen § 60 Nr. 1 StPO

KLAUSURHINWEIS
Für den Fall des Verstoßes gegen § 60 Nr. 1 StPO kann man gut zu einem anderen Ergebnis kommen. Wird also z.B. eine Person unter 18 Jahren vereidigt, so kann man darin ein „Wahndelikt" erblicken: In der Zusammenschau von § 154 StGB und § 60 Nr. 1 StPO gibt es nämlich im deutschen Strafrecht gar keinen „Eid einer Person unter 18 Jahren".

II. RECHTSWIDRIGKEIT
Z müsste rechtswidrig gehandelt haben.

1. Rechtfertigender Notstand, § 34 StGB
Zwar überwiegt das Rechtsgut der Freiheit des Z das Rechtsgut der Rechtspflege, jedoch hat Z nach der Rechtsordnung die Bestrafung verdient, sodass es an einem berechtigten Interesse an der Abwendung der Bestrafungsgefahr fehlt.

III. SCHULD
Z müsste auch schuldhaft gehandelt haben. Z hatte die Situation, die nun eine Gefahr für seine Freiheit darstellt, selbst verursacht, sodass ihm die Hinnahme der Bestrafungsgefahr gem. § 35 I 2 StGB zumutbar ist.

IV. STRAFMILDERUNG GEM. § 157 I StGB
Sofern Z den Meineid vor dem Berufungsgericht leistete, um dadurch selbst der Strafverfolgung wegen des Meineides im erstinstanzlichen Verfahren zu entgehen, kann das Gericht nach seinem Ermessen die Strafe gem. § 49 II StGB mildern oder von einer Bestrafung ganz absehen.

V. ERGEBNIS
Z hat sich durch seine zweitinstanzliche falsche Aussage ebenfalls gem. § 154 I StGB strafbar gemacht.

B. Strafbarkeit des Z gem. § 258 I StGB
Eine Strafbarkeit des Z gem. § 258 I StGB scheitert am persönlichen Strafaufhebungsgrund des § 258 V StGB.

C. Gesamtergebnis und Konkurrenzen
Z hat sich durch die Aussage in erster Instanz wegen Meineids in Tateinheit mit Strafvereitelung, §§ 154, 258; 52 StGB, strafbar gemacht. Der Meineid in zweiter Instanz steht hierzu im Verhältnis der Tatmehrheit gem. § 53 StGB. Das Bereiterklären zum Meineid gem. § 30 II StGB ist hinter der tatsächlich begangenen Tat subsidiär.

FALLENDE

STICHWORTVERZEICHNIS

A

Aussagedelikte 148
  Folgen prozessordnungswidriger Vereidigung 159
  Meineid, § 154 I 155
  Nacheid 157
  typische Begleitdelikte 149
  Verhältnis §§ 153, 155 159

B

Brandstiftungsdelikte 103
  besonders schwere, § 306b 116
  besonders schwerer, § 306a 108
  Brandstiftung mit Todesfolge, § 306c 116
  Dispositionsbefugnis 107
  gemischt-genutzte Gebäude 114
  Konkurrenzverhältnis zwischen § 306 und § 306a 116
  Qualifikation, § 306b II Nr. 2 110
  teilweise Zerstörung 115
  Verhältnis zu §§ 303, 305 103
  vorsätzliche, § 306 I 104

E

erfolgsqualifizierter Versuch 32

F

fahrlässige Körperverletzung, § 229 33
fahrlässige Tötung, § 222 StGB 30

G

Gewaltbegriff 119

K

Körperverletzung 1
  durch Unterlassen 11
  Einwilligung 7
  fahrlässige, § 229 33
  gefährliche, § 224 12
  gefährliche Werkzeug, § 224 I Nr.2 20
  hypothetische Einwilligung 9
  mutmaßliche Einwilligung 9
  vorsätzliche, § 223 I 2

Körperverletzung mit Todesfolge — **23**

  erfolgsqualifizierter Versuch — 32
  Letalitätstheorie — 28
  Unmittelbarkeitszusammenhang — 24
  versuchte Körperverletzung mit Todesfolge — 33

M

Mord — **48**

  Akzessoritätslockerung, § 28 — 65
  Aufbaumöglichkeiten — 48
  gemeingefährliche Mittel — 59
  Geschlechtstriebsbefriedigung — 60
  Grausamkeit — 58
  Habgier — 61
  Heimtücke — 51
  Mordlust — 60
  Niedrige Beweggründe — 61
  Objektive Mordmerkmale, 2. Gruppe — 50
  Restriktive Auslegung — 49
  Verdeckungsabsicht — 62
  Verhältnis zu § 212 I StGB — 48

N

Nötigung — **119**

  Abgrenzung Gewalt oder Drohung — 123
  Gewaltbegriff — 119
  versuchte — 124
  Verwerflichkeit, § 240 II StGB — 126

S

Strafvereitelung — **149**

  Arten der Strafvereitelung — 149
  Nemo tenetur se ipsum accusare — 149

Straßenverkehrsdelikte — **71**

  eigenverantwortliche Selbstgefährdung — 81
  fahrlässige Gefährdung, § 315c I Nr. 1a, III Nr. 2 — 76
  Fahruntüchtigkeit — 77
  Gefährdung des Straßenverkehrs, § 315c I Nr. 1a — 74
  gefährliche Eingriff in den Straßenverkehr, § 315b — 86
  Pflichtwidrigkeitszusammenhang — 75
  Teilnahme — 79
  Trunkenheit im Verkehr, § 316 — 73
  unerlaubtes Entfernen vom Unfallort gem. § 142 I — 99
  verkehrsfeindlicher Inneneingriff — 89

T

Totschlag — **44**

  Abgrenzung zu § 218 — 43
  geschütztes Rechtsgut — 43
  Hemmschwellentheorie — 47
  Konkurrenzen zu §§ 223 ff. — 44
  Verhältnis der §§ 212, 211, 216 StGB — 42

Tötungsdelikte — **42**

U

unerlaubtes Entfernen vom Unfallort gem. § 142 I   99

Urkundsdelikte   **127**
  Beweisfunktion   129
  Garantiefunktion   129
  Perpetuierungsfunktion   129
  Urkundenfälschung, § 267   128
  Urkundenunterdrückung, § 274 I   143
  Zusammengesetzte Urkunde   141

V

Versuch der Beteiligung, § 30   **151**

W

Wahndelikt   **124**
Widerstand gegen Vollstreckungsbeamte, § 113   **96**